하나님이 하십니다

은혜로 되어지는 공동체
순복음축복교회 이야기

하나님이 하십니다

은혜로 되어지는 공동체
순복음축복교회 이야기

오영대 지음

GOD DOES IT ALL

교회성장연구소

한국 오순절 교단의 차세대 리더로 주목받는 오영대 목사님의 저서 『하나님이 하십니다』에는 하나님이 순복음축복교회를 세워 가시는 놀라운 이야기가 고스란히 담겨 있습니다. 이 책을 보는 내내 하나님이 순복음축복교회를 얼마나 사랑하시는지 생생하게 느낄 수 있었습니다. 무엇보다도 놀라웠던 것은 많은 이야기의 주체가 '하나님'이었다는 사실입니다. 놀라운 부흥의 역사 가운데 목회자나 성도가 아닌 온전히 하나님이 일을 이루신다는 고백이 진솔하게 묻어나 있습니다.

이 같은 순복음축복교회의 이야기를 통해 이 땅의 많은 교회가 큰 힘을 얻고 다시금 하나님의 은혜를 바라보며 전력으로 복음 전파를 향해 나아가기를 바랍니다. 또한 하나님이 성령충만의 은혜로 순복음축복교회를 인도하시고 새로운 소망을 계속해서 심어 주신 것을 보며, 독자들 역시 오늘 하나님이 하실 일을 기대하며 소명을 향해 힘차게 달려가시기를 소망합니다.

이영훈 목사 | 여의도순복음교회 담임

주님의 몸 된 교회는 어디에 있든지, 그 규모가 어떠하든지 영광스럽습니다. 교회의 머리가 예수 그리스도이시기 때문입니다. 이번에 영광스러운 주님의 몸 된 교회의 생명력 있는 이야기가 한 권의 책으로 엮어 출간되어 기쁨이 큽니다.

『하나님이 하십니다』에는 순복음축복교회를 향하신 하나님의 거룩한 사랑, 주님을 향한 순복음축복교회 성도들의 뜨거운 사랑, 주님께서 맡겨 주신 영혼들을 향한 오영대 목사님의 따뜻한 사랑의 마음이 담겨 있습니다.

순복음축복교회가 지나온 길목마다 신적 개입하신 하나님의 역사가 아름다운 히스토리가 되어 코로나19의 강을 건너는 가운데 위축된 이 시대 교회 공동체에 용기를 주는 귀한 도구로 쓰임 받기를 소원합니다.

'사람에게는 진심眞心으로, 하나님께는 전심全心으로' 섬기는 순복음축복교회의 믿음의 여정이 한국 교회의 기류를 바꾸는 전환점이 되기를 바라며 일독을 추천합니다.

오정현 목사 | 사랑의교회 담임

이 세상을 살아간다는 것은 쉽지가 않습니다. 죄의 문제, 고통의 문제 등 어려운 일들이 우리 앞에 놓여있기 때문입니다. 이러한 어려운 문제들로부터 해방될 수 있는 길은 바로 하나님 중심의 신앙으로 돌아서는 것입니다. 선과 행복의 근원이신 하나님을 만나야 우리는 행복한 삶을 살 수 있습니다. 사랑의 근원이신 하나님을 만나야 우리는 이웃을 사랑할 수 있습니다. 구원의 근원이신 하나님을 만나야 우리는 죄와 고통으로부터 벗어나서 참 구원을 얻을 수 있습니다. 사람은 할 수 없지만, 하나님은 하실 수 있습니다. 우리를 사랑하시는 하나님은 우리의 연약함을 강함으로 바꾸시고 위대하고 놀라운 역사를 나타내십니다.

『하나님이 하십니다』에는 하나님의 선하신 일에 대한 모든 것이 담겨 있습니다. 우리에게 다가오는 모든 일이 하나님의 선물이라는 것을 느낄 수 있었습니다. 인간에게는 위기나 아픔, 정체로 보일 만한 것들이 하나님의 시각에서는 새로운 내일을 향한 도약이라는 것을 다시금 분명하게 깨달을 수 있었습니다. 그것은 '하나님이 하나님 되심'을 분명하게 나타내는 소중한 증거이기도 합니다. 독자들은 『하나님이 하십니다』를 통하여 답답하고 암울했던 삶의 문제들이 한 순간에 해결되는 기적을 체험하게 될 것입니다.

『하나님이 하십니다』는 하나님이 살아계신다는 것만으로도 우리에게는 큰 힘이 된다는 것을 확신할 수 있게 해 줍니다. 하나님이 계시는 한, 우리는 쓰러질 이유도 없고 흔들릴 이유도 없습니다. 지금까지 모든 순간을 하나님께서 전적으로 이끌어주셨던 것처럼, 하나님은 하나님의 자녀를 한 사람도 빠짐없이 지키시고 보호하시고 이끄실 것입니다. 그리고 그 가운데서 하나님의 멋진 계획을 하나씩 이루어가실 것입니다.

『하나님이 하십니다』에 나타난 오영대 목사님의 진솔한 이야기들과 순복음축복교회가 걸어온 길 속에 스며있는 하나님의 능력과 사랑이 아직도 제 마음에 생생하게 남아있습니다. 분명 이 책을 접하는 모든 분도 책을 다 읽고 나면 하나님의 은혜에 흠뻑 젖어들 수 있을 것입니다. 그러기에 이 책을 강력히 추천합니다.

신문철 교수 | 한세대학교 조직신학

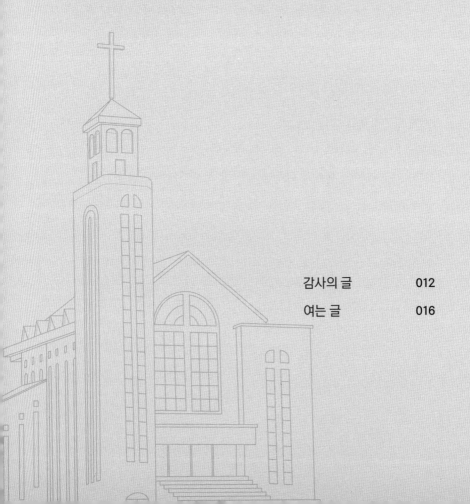

CONTENTS

PART 1
하나님이 시작하셨다

PART 2
하나님이 이끄셨다

PART **3**
하나님이 이루어가신다

감
사
의

글

　먼저 이 책이 완성되기까지 모든 순간 속에 개입하시고 함께해
주신 하나님께 감사와 영광을 올려드립니다.

　이 책의 저자가 저 '오영대'로 기록되어 있지만, 사실 수많은 하
나님의 사람이 함께해 주셨기에 이 스토리들이 완성될 수 있었습
니다. 하나님의 위대한 스토리에 함께해 주신 모든 분은 이 책의
또 다른 저자이기도 합니다. 이 자리를 빌려, 그분들께 감사의 인
사를 드리고 싶습니다.

　첫 번째로 소개하고 싶은 저자는 하나님 나라를 위해 충성하시
다가 먼저 천국 시민권자 된 아버지 오종석 목사님과 지금도 변함
없이 하나님 나라를 위해 충성의 본이 되어주시는 어머니 이윤숙
수석전도사님입니다. 하나님께서 부모님을 통해 펼치신 파노라마

들 속에서 저는 살아있는 참 교육을 받을 수 있었고 신앙인이자 목회자로서 새롭게 세워질 수 있었습니다. 더불어 부모님께서 순복음축복교회가 세워지기 전부터 지금 이 순간에 이르기까지 오롯이 하나님 중심으로 사역하셨기에, 이 책에 담긴 모든 이야기를 하나님의 역사로만 풀어나갈 수 있었습니다. 더불어 할머님이신 백금례 권사님께도 감사드리고 싶습니다. 평생 기도를 통해 우리에게 힘이 되어주셨던 할머님은 분명 이 책의 완성에 큰 힘이 되어주신 또 다른 저자이십니다.

두 번째로 소개하고 싶은 저자는 사랑하는 아내 마옥순 목사와 자녀들입니다. 제가 지금 이 순간까지 하나님의 은혜로 목회를 할 수 있었던 것은 하나님께서 아내와 자녀들을 저에게 선물로 주셨기 때문입니다. 가족으로서, 동역자로서, 때로는 깨달음을 안겨주는 선생으로서 아내와 자녀들은 제 곁에서 큰 에너지를 불어넣어 주었습니다. 무엇보다 하나님과 교회를 항상 우선하는 모습으로 따라와 주었기에 지금 이 책의 스토리들이 완성될 수 있었고 또 이렇게 그 스토리들을 나눌 수 있게 되었습니다.

  마지막으로 소개하고 싶은 저자는 제가 무척이나 사랑하는 축복가족들입니다. 사실상 하나님 다음으로 이 책의 주인공이라고 해도 과언이 아닐 정도로 이 책이 완성되는 데에 있어 가장 큰 기여를 하신 분들입니다. 이름을 다 언급할 수 없어 그저 안타까울 뿐이지만, 축복가족 한 분 한 분이 계셨기에 이 책에 담긴 순간들이 하나님의 놀라우신 역사로 기록될 수 있었습니다. 그 역사가 이루어지는 현장에서 활약해 주신 그 모든 주역에게 다시 한 번 감사드리고 싶습니다.

무엇보다 저를 위해 아낌없는 사랑을 베풀어주고 기도로 힘이
되어주심에 감사드립니다. 이 책의 실질적인 저자가 축복가족이라
는 것을 늘 기억해 주시길 바라며 앞으로도 축복가족들과 놀라운
하나님의 역사를 계속해서 써나가길 소망합니다.

아울러 이 책이 완성되기까지 기도로 함께해 주신 모든 분께도
이 자리를 빌려 감사의 말씀을 전합니다. 감사합니다.

하나님
안에서는
놀람의
연속입니다

순복음축복교회를 방문하는 사람들은 세 번 놀란다고 한다.
'너무' 외진 곳에 교회가 들어서 있어 놀라고,
그런 외진 교회에 성도가 '아주' 많아 놀라고,
담임목사가 '무척' 젊어서 놀란다.

사실 놀랄 일은 여기서 끝나지 않는다.
하나님은 항상 순복음축복교회 가운데
놀랄 일들을 만들어 주셨다.
아무런 준비도 안 된 상황에서
일단 시작부터 하라고 하셔서 놀라고,
준비가 안 되었는데도 일을 착착 진행해 주셔서 놀라고,
처음부터 끝까지 하나님이 다 해 주셨다는 것에 놀란다.

하나님은 매번 그런 식이다.
인간의 방법으로 일을 이루지 않으시고
인간이 예상치 못한 하나님의 방법으로 이루어 가신다.

물론 말도 안 되는 명령에 처음에는 당황하기도 한다.
하지만 그러한 당황스러움은 얼마 못 되어
놀라움과 감탄으로 변한다.
그러면서 우리는 확신한다.
하나님은 정말 하나님이시구나.
정말로 한계가 없으시구나.
인간의 한계로는 가늠할 수도 없고,
헤아릴 수도 없는 분이시구나…….
한마디로, 하나님은 그저 '놀라우신 분'이구나.

이 책에는 하나님이 우리를 놀라게 하신 일들이 담겨 있다.
말도 안 되는 지역에서 개척하게 하신 하나님.
말도 안 되게 부흥의 역사를 이루신 하나님.
말도 안 되게 어리고 나약한 나를 목자로 세우신 하나님.
말도 안 되게 위기를 이겨내게 하신 하나님.
말도 안 되는 헌신을 하게 하신 하나님.
말도 안 되게 채우시고 부어 주신 하나님.
말도 안 되는 지혜를 매번 부어 주신 하나님.

우리는 분명히 깨달았다.
'하나님이 살아 역사하시는 공간에서는
이런 것까지도 가능하구나!'

놀랄 일들은 앞으로도 계속될 것이다.
하도 많이 놀라서 이젠 더 놀랄 일도 없다고 생각해 보지만,
한계가 없으신 하나님이시기에 놀랄 일은
앞으로도 넘쳐날 것이다.

그리고 하나님은 우리에게 말씀하신다.
이제는 너희도 나가 세상을 놀라게 하라고……

2022년 10월
오 영 대 목사

PART 1

하나님이 시작하셨다

———

하나님께 이끌리며 사는 것은
인간이 누릴 수 있는 최고의 행복이다.

가라는 대로 가면 되고
하라는 것만 하면 된다.
그 안에서는
문제로 보이는 것도 행복이고
위기로 보이는 것도 축복이다.

시키는 그대로만 하면 되기 때문에
따로 고민할 필요도 없다.
심지어 시키는 그대로만 하다 보면
하나님이 예비하신 복이 찾아온다.

CHAPTER 01

하나님
손에 이끌려
여기까지 오다

하나님 손에 이끌려
여기까지 오다

하나님의 축복 프로젝트가 시작되다

아무도 주목하지 않은 평리 76-13.
하나님은 그곳에서 펼쳐질 거대한 프로젝트를
실행에 옮기기 시작하셨다.

하나님은 평리 76-13에서
벌어질 일을 이미 알고 계셨다

하나님은 당신께서 창조하신 이 세상 안에서 당신의 계
획을 하나씩 이루어가셨다. 인간의 머리로는 측정할 수도, 파악
할 수도 없는 무궁무진한 계획을……. 만세전부터 품고 계셨던

하나님이 하십니다

계획들을 하나님의 주관 속에서 하나씩 하나씩 성취하시기 시작
했다.

순복음축복교회 프로젝트는 하나님의 무수한 계획 중 하나였
다. 하나님은 화성시라는 지역이 생기기도 전에, 아니 대한민국이
세워지기도 전에 이미 화성시 향남읍 평리에 영혼구원을 책임질
순복음축복교회 프로젝트를 계획하고 계셨다. 일명 '축복 프로젝
트'다.

화성시 영혼들의 생사가 달린 이 특별하고도 중요한 축복 프로
젝트를 위해 하나님은 오래전부터 사람을 세우고 연단 하셨다. 그
멤버 중에는 나의 아버지 고 오종석 목사님과 어머니 이윤숙 전도
사님도 포함되어 있었다.

아마 부모님은 외딴 화성시 향남면 평리 76-13이라는 공간에서
개척하게 될 거라고는 조금도 예상하지 못하셨을 것이다. 당시 부
모님은 향남면 평리 76-13이 어떤 곳인지도 모르고 계셨다. 그 누
구도 주목하지 않았던 평리 76-13. 인구가 적은 이 동네에 교회를
세우게 될 것이라고는 상상도 하지 않으셨다.

그러나 하나님은 부모님을 어떻게 사용하실지 이미 다 계획해

두셨고 때에 따라 철저하게 준비시키셨다. 아버지와 어머니의 모든 성장 과정과 하루하루의 일상이 인간의 시선으로는 평범한 순간들이었지만, 하나님의 시선에서는 귀한 사역을 이루기 위한 준비의 시간이었다. 그리고 때가 되자 하나님은 여의도순복음교회 전도실에서 평신도로 사역하셨던 아버지와 어머니를 목회의 길로 이끄셨다. 바야흐로 평리 76-13에서 순복음발안교회라는 이름으로 시작될 '순복음축복교회 프로젝트'의 신호탄이 울린 것이다.

전도하라고
등 떠미시는 하나님

부모님은 향남읍 평리 76-13의 상가 건물에 교회를 세우고 1987년 11월 둘째 주부터 예배를 드리기 시작하셨다. 그리고 공식적인 개척 예배, 즉 창립 예배를 드릴 계획을 세우셨다.

아버지는 창립 예배에 대해 별다른 부담이 없으셨다. 교회를 개척할 때 의례적으로 드리게 되는 것이 창립 예배가 아닌가. 경기남지방회 소속이었던 아버지는 아무런 걱정 없이 지방회장 목사님께 창립 예배 집례를 요청하셨다.

사실 예배 요청을 거부하실 목사님은 없다. 하늘이 무너지지 않고서야 예배를 거부할 이유가 없었다. 그러나 아버지는 하늘이 무너지는 듯한 대답을 들으셨다.

"조그만 동네에 개척했다가 며칠 만에 문 닫으려고 개척합니까? 성도 30명을 모으지 않으면 창립 예배를 드릴 수 없습니다."

열 명도 아니고, 30명이라니……. 아버지에게는 냉정하다 못해 잔혹한 대답이었다. 이제 막 개척한 교회에 이러한 조건을 단다는 것부터가 이해가 되지 않았다. 사명을 가지고 외딴곳에 들어와 교회를 세운 전도사에게 격려해 줘도 모자랄 판에…….

무엇보다 30명이 모여야 창립 예배를 드릴 수 있다고 법으로 정해진 것도 아니었다. 창립 예배부터 드리고 30명을 채워가는 것이 일반적인 수순이었다. 30명이 모여야 창립 예배를 드릴 수 있다면 이 세상에 창립 예배를 드릴 수 있는 개척 교회가 몇 군데나 되겠는가. 하지만 별도리가 없었다. 암담했지만 아버지는 따를 수밖에 없었다. 지방회장님의 뜻도 변함이 없었다.

하지만 부모님은 서서히 깨달아가기 시작하셨다. 그것은 지방회장님의 뜻이 아니라 하나님의 뜻이었음을……. 결국 30명을 채워야만 한다는 그 막무가내조차 하나님의 주관 속에 있었다. 난관으로 비추어지던 그 일은 전도를 위한 하나님의 특별한 계획이었다.

하나님은 막연한 목표를 가지고 전도하게 하지 않으셨다. 30명이라는 구체적인 목표를 세우게 하셨다. '30명을 채우면 참 좋겠구나도 아니었다. '무조건 30명을 채우라'고 하셨다. 그리고 30명을 채울 수밖에 없게 된 아버지는 어머니와 함께 본격적으로 전도에 돌입하셨다.

물론 부모님은 막막함을 느끼셨다. 그 동네에서 30명을 전도한다는 것이 쉬운 일이 아니라는 것을 모르지 않으셨다. 심지어 전도의 노하우가 있는 것도 아니었다. 이제 막 교회를 세우고 아직 목사 안수도 받지 않은 젊은 전도사에게 30명을 채울 방법이 마련되어 있을 리 없었다. 하지만 교회가 지속되느냐, 마느냐가 걸린 상황에서 쉽고 어렵고를 따질 수 없었다.

사실 전도는 해도 그만, 안 해도 그만인 것으로 여겨지기 쉽다. 천천히 되는대로 하면 된다고 생각할 때도 많다. 하지만 하나님의 편에서는 안 하면 큰일 나는 게 전도다. 생사가 갈린 문제다. 그래서 하나님은 거부할 수 없는 상황을 만드시고, 나아가 구체적인 목표까지 정해 주셨다.

그때 아버지와 어머니는 분명히 체험하셨다. 전도하러 나가라고 등을 떠미시는 하나님의 손길과 30명부터 반드시 채우라고 푸쉬하시는 하나님의 철저한 개입을 말이다. 그리고 지금 우리는 분명히 확신한다. 우리 교회를 향한 하나님의 사랑과 교회에 대한 하나님의 기대가 얼마나 크셨는지를…….

어디에서든,
누구를 만나든

일반적으로 전도를 한다고 하면, 장소에 대한 전략을 세우기 마련이다. 학교나 공원처럼 사람이 많이 모일만한 곳이나 교회에 관심을 가질 법한 이들이 모일만한 곳 등 어느 정도 전도가 될 만한 곳을 찾아야 한다. 한마디로 '복음이 먹힐만한 곳'을 고민하는 게 우선이다. 그러나 부모님은 그러한 고민을 할 겨를이 없으셨다. 어디로 가면 좋을지 고민할 시간에 한 명이라도 더 만나는 게 낫다고 생각하셨다.

부모님의 전도 구역은 따로 정해지지 않았다. 그냥 '다'였다. 발이 닿는 곳, 사람이 있는 곳에는 무조건 들어가서 전도하셨다. 술집도 다방도 마다하지 않으셨다. 때로는 힘겹게 산도 넘으셨다. 전도 구역에 대한 계획을 따로 세우지 않았기 때문에 하나님은 더욱 강권적으로 부모님의 발걸음을 주관하셨다.

전도 방식 역시 단순했다. '할렐루야'라고 말하며 일단 들어가셨다. 그럴 때면 사람들이 신기하게 쳐다보았지만 아랑곳하지 않으셨다. 교회가 세워지느냐, 마느냐 갈림길에 서 있는 상황에서 사람들의 시선을 의식할 여유가 없으셨다.

그렇게 부모님은 새벽기도를 마치자마자 목숨을 걸고 전도하러

나가셨다. 전도하느라 끼니를 챙길 새도 없었기에 대부분 주머니에 넣어간 건빵으로 점심을 해결하셨다. 그러면서 마음속으로 간절히 바라고 바라셨다.

'오늘 한 명이라도 전도할 수 있기를……'

하지만 그 한 명을 전도한다는 것이 인간의 의지로만 되는 것이 아니었다. 그런데도 아버지와 어머니는 포기하지 않고 1호 성도가 나타나는 순간을 기다리며 전도에 열중하셨다.

한편 개척 시기, 부모님의 점심 식사 대용으로 맺어진 건빵과의 인연은 훗날 우리 교회의 대표적인 전도 용품으로 자리 잡게 되었다. 그 이후로 우리 교회를 건빵 교회라고 부르는 사람들도 생겨났고, 건빵 전도를 통해서 한 가족이 된 성도도 많았다.

전도하는 모습이
가장 아름답다

보통 전도를 한다고 하면 전도자가 전도 대상자를 쫓아가는 게 일반적이다. 전도 대상자가 자기 발로 전도자에게 다가오는 경우는 거의 없다고 보아야 한다. 그런데 아직 전도의 열매가 없던 그때, 앳된 한 소녀가 다가왔다. 열다섯밖에 되지 않은 어린 소녀였다. 소녀는 뭔가 따뜻한 눈빛으로 부모님을 바라보았고 그도 모자라 교회까지 쫓아왔다. 이유를 묻자 소녀는 이렇게 말했다.

"전도하는 모습이 무척 예뻐 보여서요."

예쁜 무엇인가를 나눠주는 것도 아니고 화려하고 멋진 옷을 입고 전도를 한 것도 아니다. 소박한 옷차림에 작은 전도지, 그리고 단순한 복음의 소리가 전부였다. 그러나 그 모습 자체가 소녀에게는 특별한 장면으로 비쳤다. 하나님이 그 소녀에게 전도 장면을 아름다운 모습으로 보이게 하신 것이다. 그리고 그날의 만남은 우리 교회의 1호 성도가 탄생하는 특별한 순간이 되었다.

1호 성도가 탄생하던 그 순간은 아버지와 어머니에게 큰 힘이 될 수밖에 없었다. 무엇보다 전도하는 모습이 예뻐 보인다는 그 말에 중요한 교훈을 얻었다.

'그래, 전도하는 모습이 가장 아름답구나.'

한 소녀의 고백이긴 했지만, 그 말은 아버지와 어머니를 향한 하나님의 음성이기도 했다. 하나님의 입장에서 전도는 한 영혼을 살리는 일이자, 사람을 사랑하는 최고의 방법이다. 그날 이후 부모님은 전도할 때마다 그 모습을 아름답게 바라보실 하나님을 떠올리셨다.

한편 그 소녀는 순복음축복교회구 순복음발안교회에 등록한 이후로 꾸준히 신앙생활을 했다. 그리고 하나님께서 열어 가시는 반전 스토리는 거기서 끝나지 않았다. 당시의 그 앳된 소녀는 현재 전도사로 순복음축복교회를 섬기고 있다. 전도의 첫 열매이자 30년 넘게 교회의 역사와 함께해 온 그 전도사님은 '세상에서 가장 아름다운 일'인 전도에 전 인생을 걸고 있다.

이 교회 등록 성도만
일어나보세요

부모님은 30명을 채워야 공식적으로 교회가 시작될 수 있는 상황에서 밀려오는 걱정을 막을 수 없었다. 30명을 전도하는 것이 쉬운 일이 아님을 부모님도 모르지 않으셨다. 특히 여의도순복음교회에서 평신도 시절부터 전도사역을 꾸준히 해 왔었기에 전도가 인간의 의지와 노력만으로는 되지 않음을 잘 아셨다.

하지만 걱정이 밀려오는 만큼 하나님을 더 의지했고, 하나님이 우리 교회를 이곳에 세우기로 정하셨다면 30명을 반드시 채우실 거라 확신하셨다. "30명이 있어야 창립 예배를 인도해 주겠다"라는 지방회장 목사님을 통해 전도의 불씨를 댕긴 분은 결국 하나님이시니까!

첫 예배를 드리고 전도를 시작한 지 4개월가량이 지났다. 그리고 1988년 3월 1일, 하나님은 드디어 순복음발안교회 창립 예배를 드릴 수 있게 하셨다.

만약 창립 예배 집례를 요청하자마자 바로 들어 주셨다면 창립 예배에 소중함을 인식하지 못했을 것이다. 그냥 모든 교회가 형식적으로 거치는 하나의 절차 정도로만 생각했을지도 모른다. 그러나 몇 개월간 치열한 전도의 순간을 거친 끝에 드리게 된 예배인 만큼 창립 예배가 더욱 소중하게 다가올 수밖에 없었다.

그날 등록 성도들과 지방회 목사님들 그리고 손님들이 다 모인 가운데 예배가 시작되었다. 그리고 그때 어머니는 선물을 포장하고 챙기느라 잠시 옥상에 계셨다. 예배 시간에 지방회장 목사님은 이렇게 말씀하셨다.

"여기 오신 손님들 말고 순복음발안교회에 등록한 성도님만 일어나 보세요."

하나둘씩 성도들이 일어나기 시작했다.

'하나, 둘, 셋 …… 스물아홉, 서른.'

아버지를 포함하여 정확하게 30명이 일어났다. 옥상에 계신 어머니까지 포함하면 총 31명이다. 역시 하나님은 하나님이셨다. 30명을 모으도록 등 떠미신 분도 하나님이셨고, 31명이 채워지도록 이끌어 주신 분도 하나님이셨다. 이왕이면 딱 떨어지게 30명을 맞추시려고 어머니를 잠시 옥상에 올려보내신 분도 하나님이셨다.

창립 예배를 은혜 가운데 드리게 된 이후로도 전도는 끝나지 않

았다. 전도의 맛을 본 부모님은 30명이라는 목표를 달성한 이후에
도 계속 전도하러 나가셨다. 몇 개월 동안 다져진 전도 습관을 버
릴 수 없으셨다. 무엇보다 그동안 동네를 돌고 돌면서 죽어가는 영
혼이 많다는 것을 두 눈으로 확인했고, 죽어가는 그들을 살리기
위해서라도 나서야 했다. 이 모든 게 다 우리 교회가 전도하는 교
회가 되게 하시려는 하나님의 특급 작전이었다.

하나님이 시키시는 대로만

> 세상이 절대 풀 수 없는 것도 하나님은 능히 풀어내신다.
> 중요한 건, 그 하나님이 우리의 아버지라는 사실이다.

까치집,
그곳엔 뭔가가 있다

개척 후 4년 정도가 지났을 즈음, 하나님은 조암리 상가
5층에 지성전인 순복음조암교회를 세우게 하셨다. 순복음조암교
회는 별명을 하나 가지고 있었다.

'까치집!'

하나님이 하십니다

상가 꼭대기에 있는 교회가 마치 까치집 같다고 해서 붙은 별명이다. 까치집으로 향하는 계단은 유난히 가팔랐다. 어쩌면 상가 건물에 위치한 순복음발안교회본성전나 순복음조암교회지성전는 세상 사람들이 보기에는 열악한 조건의 교회였을지 모른다. 그러나 하나님이 보시기에 이곳은 이 지역의 영혼들을 대거 살리고 회복시키는 최고의 종합 병원이자, 하나님의 군사를 양성하는 강력한 군사 훈련소였다.

적어도 하나님께는 공간의 크기는 중요하지 않았다. 그 안에서 무엇을 하느냐, 그 안에 누가 있느냐가 중요하다. 공간의 크기보다 중요한 것은 그 공간이 어떻게 쓰이느냐이니까! 분명 본성전인 순복음발안교회와 지성전인 순복음조암교회는 하나님이 늘 임재하시는 공간이자 하나님의 사람을 세워나가는 세상에서 가장 특별한 공간이었다.

하나님은 순복음조암교회의 공간들을 아주 알차게 활용하셨다. 심지어 교회로 올라오는 계단까지도 특별하게 사용하셨다. 험해 보이고 가파르기만 한 그 계단을 가지고도 하나님은 우리가 예상하지 못했던 역사를 이루시는 분이다.

사실 가파른 계단은 젊은이들에게는 별다른 문제가 되지 않는다. 그러나 연세가 있으신 분들에게는 산을 오르는 것처럼 버거울 수 있다. 특히 시골이다 보니 연로하신 분이 유독 많았다. 거기에 농사를 짓느라 저마다 무릎이나 다리 질환을 옵션으로 달고 있었다. 그분들은 한 계단 한 계단 올라올 때마다 힘겨운 순간을 보내야 했다.

누가 보아도 악조건이 아닐 수 없다. 교회에 들어가려다 계단 때문에 멈칫할 수 있는 환경이었다. 누군가는 이렇게 생각했을지도 모른다.

'교회에 더 많은 사람이 오도록 하나님이 더 좋은 환경을 마련해 주실 수 없었을까? 계단이라도 덜 가파르게 해 주실 수 없었을까?'

그러나 그 계단은 오히려 전도의 도구로 쓰임 받았다. 누군가가 편하고 넓은 길을 걷고 있다면 '그러려니' 한다. 그러나 험하고 복잡하고 위험해 보이는 길을 헤집고 간다면 사람들은 주목하기 시작한다.

'대체 뭐가 있기에 저 길을 갈까?'

'어디, 나도 한번 가볼까?'

마찬가지로 다리가 불편한 어르신들이 가파른 계단 오르기를 감수하면서까지 교회로 향하자 그 자체만으로도 사람들은 기이하게 여기기 시작했다. 그리고 우리는 이 현상을 전도에 적극적으로 활용했다.

하나님이 하십니다

"다리도 아프신 저분들이 저기까지 올라가는 이유가 뭘까요?"

"뭔가 대단한 게 있으니 올라가는 게 아닐까요?"

사람들은 가파른 계단에 주목하기 시작했다. 훗날, 그 당시 속으로 이렇게 생각했다고 고백하기도 했다.

'뭔가 있나 보다. 뭔가가 있으니까 저기까지 힘들게 올라가는 거 아니겠어?'

세상의 표현을 빌리자면, '기가 막힌 홍보'였다. 누군가가 특정 음식을 먹어야겠다며 물리적, 경제적인 수고를 감수하는 모습을 보여 주면 그 음식에 대해 더욱 관심이 갈 수밖에 없는 것처럼, 가파른 계단도 관심을 끄는 역할을 했다.

거기에다가 일석이조의 효과도 있었다. 교회에 관한 관심을 끌어내는 것은 물론, 계단 상태를 미리 말함으로써 불만을 근절시킬 수 있었다. 이미 계단의 가파름에 대한 정보를 들은 만큼 처음 교회에 나오게 되었을 때 교회까지 가는 과정이 힘들다고 투덜댈 수가 없었다. 우리 교회가 가진 나름의 매력적인(?) 코스로 여겨지게 된 것이다.

이처럼 하나님은 열악한 조건을 가지고도 역사를 이루신다. 또한 그 열악한 상황을 활용할 지혜를 우리에게 주신다.

이 영혼들을 버리고
어디로 가려고

여의도순복음교회 전도실에서 평신도 사역을 하셨던 부모님은 목회자로 부름을 받은 시기에 조용기 목사님으로부터 이런 말씀을 들으셨다.

"수도권에서 개척하지 말고 서울, 수원을 떠나 개척해라."

이 역시 조 목사님이 아닌 하나님의 뜻이었다. 그 말씀이 하나님의 뜻이라고 확신했던 부모님은 순종하기로 하셨다. 하지만 순종은 순종이고 현실은 현실이었다. 막상 시골로 내려간다고 생각하니 막막하셨다.

일반적으로 사람들은 출세를 위해 큰 곳으로 향한다. 큰물에서 놀아야 잘 살 수 있다는 것이 세상 이치다. 그런 이유로 시골에 있는 사람들은 기를 쓰고 도시로 떠난다. 자신은 시골에 머물지언정, 자식만큼은 도시에서 살아야 한다며 기어코 상경시키기도 한다. 물론 요즘은 귀농하는 사람도 늘어나고 있고 익숙한 곳이 좋다며 시골을 고수하는 사람도 있지만, 그런 특이한 경우를 제외하고는 저마다 시골을 벗어나고 싶어 한다.

그런데 하나님은 시골로 향하게 하셨다. 본래부터 시골에서 살던 거라면 모를까, 도시살이가 익숙한 부모님에게 시골행은 귀향가라는 명령만큼이나 청천벽력 같은 일이 아닐 수 없었다.

부모님에게는 두 자녀까지 딸려 있었다. 그것도 학령기에 접어든 자녀였다. 이런 상황에서 시골로 내려간다는 것은 더더욱 생각하기 힘든 일이었다. 공부 때문에라도 시골에서 벗어나 도시로 향하는데 굳이 도시에서 시골로 향하라니……

그래도 하나님의 뜻이니 따라야 했다. 암담한 마음과 막막한 심정을 뒤로하고 주님 뜻만 생각하기로 했다. 하지만 난관은 끝나지 않았다. 주변에서 만류하기 시작한 것이다. 신앙생활을 열심히 하는 친척들조차 뜯어말렸다.

"아니, 왜 굳이 시골에서 목회하려고 그래?"

"애들 교육은 어떻게 할 건대?"

졸지에 부모님은 현실 파악조차 못 한 채 무모한 결정을 내린 사람이 되어버렸다. 그런 이야기를 들을 때마다 마음이 흔들리는 것은 어찌할 수 없었다. 그런데도 부모님은 모든 감각을 하나님께 집중시켰다. 눈과 귀를 하나님께만 열어둔 채 이곳으로 내려오셨다. 다른 것을 생각했다가는 하나님의 뜻을 포기할 수밖에 없을 테니까. 무엇보다 자녀 교육 문제는 가장 피하기 힘든 시련이었다. 그래서 최대한 혼란을 피하고자 하나님만 더 바라보았다.

그렇게 응답받고 내려온 곳이 바로 화성시 향남면이었다. 단 한 번도 살아 본 적 없고 들어 본 적조차 없는 이 땅. 사람도 적은 시골 땅. 얼마나 인구가 적은지, 이 지역 시내 인구가 3천 명 정도밖

에 되지 않았다. 그런데도 부모님은 낯선 시골 땅에서 열심히 사역
하셨고, 목자로서 하나님이 맡기신 양들을 이끌어 가셨다. 하나님
이 인도하신 이곳에서 끝까지 온 힘을 다하겠노라고 다짐하고 또
다짐하셨다.

하지만 부모님도 사람이었다. 하나님만 바라보며 사역한다고 다
짐했지만, 남모를 아쉬움이 밀려오는 것까지는 막을 순 없었다. 소
위 말하는 대형교회에 대한 갈망 말이다. 특히 오랜 기간 세계에
서 제일 크다는 여의도순복음교회에서 사역하다 온 만큼 시골 교
회 사역이 만족스럽지 못할 때가 있었다.

그러던 어느 날, 부모님은 하나님 앞에 솔직한 마음을 털어놓았
다. 그것도 큰 소리로 아뢰었다.

"하나님, 사역지를 옮겨주세요. 이곳 말고 다른 곳으로 옮겨주세
요."

하나님은 이런 타이밍을 두고 놀랍게 역사하신다. 하필 그 기도
를 성도님들이 듣게 된 것이다. 부모님에게는 민망하다 못해 당황
스러운 일이었고, 성도들로서도 서운한 일이었다. 서운하기만 했
으면 그나마 다행이다. 불쾌한 마음이 들 수도 있었다. 오죽했으면
한 성도가 격분한 채 소란을 피우기까지 했다.

"우리는 사람 아닙니까? 우리를 버리신다고요?"

부모님은 더없이 민망하고 죄송스러웠을 것이다. 하지만 또 다른 면에는 한 교회의 목회자로서 감격스러운 순간이 아닐 수 없었다. 원망을 한다는 것 자체가 목회자를 붙잡아두고 싶어 한다는 뜻이니까. 목회자를 간절히 필요로 한다는 것이니까. 분명 그것은 목회자로서 행복한 일이었다.

그 일을 통해 부모님은 그동안 잠시 놓치고 있었던 사실을 분명하게 깨달았다.

'그래, 이 영혼들을 버리고 어디로 가려고.'

부모님은 하나의 다짐을 마음속에 새기며 이야기를 나누셨다.

"우리 아무리 힘들어도 이곳을 떠나지 말아요. 뼈를 묻는 심정으로 생명을 걸어봐요."

거울로 이룬 배가 부흥

순복음발안교회와 지성전인 순복음조암교회는 어느새 성도들로 공간이 다 차는 상황을 맞이했다. 30명이 없어 창립 예배도 못 할 뻔했던 때가 얼마 되지 않았는데, 하나님은 그사이 교회를 놀랍도록 부흥시켜주셨다.

교회가 성장하면 기도 제목도 늘어나기 마련이다. 기도 제목이 늘어나는 것은 하나님이 우리 교회를 사랑하시는 증거이기도 하

다. 성도가 늘고 자리가 차면서 성도를 다 수용할 수 없는 상황이
되었다. 그때 하나님은 새로운 기도 제목을 선물해 주셨다. 바로
'성전 건축'이다. 하나님이 기적적으로 성전을 마련해 주실 수도 있
지만, 이번에도 성전 건축을 위해 우리가 무엇인가를 하게 하셨다.
개척 당시 30명을 채우기 위해 목숨 걸고 전도하게 하셨던 것처럼,
이번에도 성전 건축이라는 과업을 위해 모든 성도가 마음을 합해
기도하게 하셨다.

　당시 우리에게는 구호가 있었다. '1천 평 대지! 100평 성전! 600명
결신! 400명 출석!' 믿음은 바라봄의 법칙이라고 하지 않았던가. 그
런데 그 바라봄은 눈으로만 이루어지는 것이 아니었다. 입술로 선
포하는 것 또한 바라봄의 한 모습이다. 그래서 우리는 외치고 또
외쳤다. 초창기에 30명을 채우신 하나님이 400명을 못 채워주실 리
없었다. 거기에 400명이 함께 예배드릴 공간을 마련해 주시지 않을
리 없었다. 그것을 믿기에 우리는 기도했다. 믿는 구석이 있기에 기
도의 불을 지피기 충분했다.

　더 나아가 하나님은 기가 막힌 아이디어를 부어 주셨다. 거울을
교회 내부 벽면에 붙이는 생각을 떠올리게 하신 것이다. 거울은
한 명을 두 명으로 보이게 하고 열 명을 스무 명으로 보이게 한다.
하나님은 그 평범한 사물 하나로도 놀라운 일을 만들어내셨다.

거울을 벽면에 붙임으로써 성도가 두 배로 늘어나게 만드신 것이다. 그것도 그냥 성도가 아닌 '기도하는 성도' 말이다.

거울을 붙이고 기도하니 기도할 때마다 두 배로 힘이 났다. 교회가 거울 덕에 배가 부흥을 해 버렸으니 힘이 나지 않을 수 없었다. 또한, 두 배로 보여서 그런지 기도 소리나 구호를 외치는 소리도 두 배로 크게 들렸다.

이런 순간들은 '바라봄의 법칙'을 확인하는 계기가 되었다. 두 배로 늘어난 성도들과 두 배로 커진 교회 내부를 바라보니 그 바라보았던 것이 점점 현실로 되어 갔다. 거울로 실현된 배가 부흥은 실제 배가 부흥으로 이어지기 시작했다.

우리에게는
믿는 구석이 있다

성전 건축에 대한 비전을 품은 후, 본격적으로 성전 건축 대작전에 돌입했다. 거울로 둘러싸인 성전에서 기도로 워밍업을 했으니 이제 실행 단계에 들어가야 했다. 쉬운 일은 아니지만 딱히 걱정할 필요도 없었다. 어차피 진두지휘는 하나님이 하시니까. 하나님께서 벌이신 일이니까 하나님이 책임지실 거라는 믿음만 있으면 두려워할 이유가 없었다. 단, 그 과정에서 시키시는 일들을 철저하게 순종해야 한다. 하나님의 지시와 우리의 순종이 앙

상블을 이룰 때 성전 건축이라는 귀한 프로젝트가 완벽을 향해 나아갈 수 있으니까.

당시 하나님은 담임목사인 아버지가 더욱 집중해서 기도하도록 이끄셨다. 교회에서 늘 하던 기도만으로는 부족했다. 기도원에서 오로지 기도에만 집중하게 하셨다. 기도 제목은 간단하다.

'부지를 허락해 주세요.'

부지를 확보하는 출발선상에서 하나님은 철저한 기도를 통해 역사를 이루고자 하셨다. 그래야 모든 과정 하나하나가 하나님이 이루신 것임을 깨닫고 고백하게 될 테니까.

기도 없이 이뤄주신다면 성도들은 하나님이 하신 일을 그저 우연으로 바라보기 쉽다. 그러기에 기도가 더욱 필요했다. 기도는 인간의 우연을 하나님의 필연이자 섭리로 읽어내게 하는 특별한 과정이었다.

오산리 기도원에서 아버지가 집중적으로 기도하는 동안 한 집사님은 땅을 알아보기 시작했다. 당시 아버지가 응답받은 평수는 500평이었다. 아버지는 그 응답을 놓고 간절히 기도하셨다.

어느 날 집사님으로부터 연락이 왔다. 적당한 부지가 나왔다는 것이다. 아버지는 부지가 나왔다는 이야기에 평수부터 확인하셨다.

"500평인가요?"

부지의 정확한 위치, 현 상태 등은 중요하지 않았다. 하나님이 응답하신 500평이 맞는지부터 확인해야 했다. 만약 영화의 한 장면이라면 이렇게 전개되었을 것이다.

"500평이에요?"

"네. 500평입니다!"

"할렐루야!"

그러나 현실에서 돌아온 대답은 그게 아니었다.

"530평인데요."

530평……. 500평이나 다름없긴 하다만 그래도 딱 떨어지는 숫자는 아니었다. 분명 하나님은 500평을 말씀하셨는데 왜 530평일까? 이왕이면 딱 떨어져야 분명한 하나님의 응답으로 간증할 수 있을 텐데. 하지만 30평의 오차가 있긴 해도, 500평이나 다름없다고 간주하고 그 대지를 매입하기로 했다. 무엇보다 기도원에서 기도하는 가운데 접하게 된 소식이 아닌가.

단, 우려되는 부분이 있었다. '절대농지'냐, 아니냐의 문제였다. 절대농지는 농사만 지어야 하는 구역이다. 아버지는 당시 땅을 살펴보면서 '절대농지'만 아니면 된다고 생각하셨다. 다행히 서류를 발급받았을 때, '절대농지'라는 단어가 없었다. 그냥 '농업진흥구역'이라는 단어가 있었을 뿐이다.

아버지는 다행이라 여기시며 제직회를 열어 이 사실을 공유했고, 이후 교회에서는 그 땅을 구매했다. 그런데 개발을 하려고 하는데 청천벽력 같은 소식이 들려왔다. '농업진흥구역'이 '절대농지'라는 뜻이란다. 정말이지 우리는 절대농지만 피하면 되는 줄 알았다. 농업진흥구역이 절대농지인 줄도 몰랐다.

그렇다고 이제 와서 성도들에게 "이 땅은 절대농지이기 때문에 성전을 못 짓겠습니다"라고 할 수도 없는 노릇이었다. 더욱이 그 땅은 기도해서 응답받은 땅이 아닌가? 그때부터 기도 제목이 늘어났다. 부모님은 밤마다 그 땅에서 기도하셨다. 무려 2년이 넘도록!

문제는 절대농지로 묶인 땅이 풀리는 것은 그 자체가 기대하기 어려운 일이라는 사실이었다. 대통령이 와도 못 푼다고 이야기할 정도였다. 행여 풀린다고 해도 단계가 워낙 복잡했다. 그걸 기대하느니 차라리 다른 부지를 알아보는 게 더 빠를 수 있다. 그러나 우리는 기도 가운데 주신 부지이므로 이 땅 위에서 성전 건축이 이루어지도록 계속해서 기도했다. 포기하지 않았다.

시간은 금세 흘러갔다. 어느새 2년이 지났다. 길면 길고 짧다면 짧은 그 2년간 기도로 우리를 훈련하신 하나님은 놀라운 응답을

하나님이 하십니다

주셨다. 기적처럼 그 땅을 절대농지에서 풀리게 하신 것이다. 대통령도 못 하는 일이긴 했지만, 하나님은 하실 수 있는 일이었다. 더 놀라운 것은 '그 땅도' 풀린 것이 아니라, '그 땅만' 풀렸다는 사실이다. 우리가 택한 자리, 딱 그 530평만 풀리자 주민들이 이렇게 수군거리기 시작했다.

'저 교회 무슨 뒷배라도 있는 거 아니야?'

절대농지가 풀린 것도 불가사의한 일인데, 심지어 그 자리만 풀렸으니 의심하지 않을 수 없었다. 물론 그들의 수군거림은 기분 좋은 수군거림이었다. 교회를 특별하게 보기 시작했다는 의미가 아닌가. 무엇보다 그들의 말은 틀리지 않았다. 우리는 분명 하나님이라는 뒷배가 있었고 그 하나님을 믿었기 때문에 2년 동안 포기하지 않고 밀어붙일 수 있었다.

하나님의 완벽한 시나리오는 거기서 끝나지 않았다. 하나님은 '30평 정도 오차는 있을 수도 있지 뭐.' 했던 우리의 생각을 완전히 뒤엎으셨다. 나중에 530평 중 30평이 길로 나가게 된 것이다. 하나님은 이렇게 한 치의 오차도 허용하지 않으셨다. 그렇게 우리는 완벽하게 맞춰진 500평 부지에 교회를 건축할 수 있었다. 그리고 이 일은 하나님의 완벽하심을 다시금 찬양하는 계기가 되었다.

이후 2001년 우리 교회는 첫 성전 건축을 했다. 우리는 비전을 품고 부지를 선정하고 교회를 세우는 모든 과정 가운데서 하나님의 손길을 느꼈고, 하나님이 우리 교회를 얼마나 사랑하시는지를 실감했다. 하나님은 때론 순조로운 이끄심을 통해 당신을 드러내기도 하시지만, 때론 사이사이에 장애물을 두심으로써 하나님의 능력을 드러내시기도 한다. 그 장애물을 치워주시는 과정에서 하나님의 강력한 역사와 진한 사랑을 절절히 느끼게 하시는 것이다.

아울러 성전 건축과 함께 순복음발안교회와 지성전 순복음조암교회는 합쳐졌고, 하나님으로부터 새로운 이름을 선물 받게 되었다.

'순복음축복교회!'

그렇게 우리는 하나님이 주신 새 이름으로 새로운 하나님의 역사를 써나가기 시작했다.

하나님은 처음부터 우리 편이셨다

어제 우리를 위해 역사하신 하나님은
오늘도 우리를 위해 역사하신다.

하나님이 하십니다

달콤한
달동네표 연단

　하나님은 세상에서 열심히 살아가던 누군가를 종으로 세우고자 하실 때, 특단의 조치를 취하신다. 때로는 쌓아놓은 것들을 완전히 무너뜨리기도 하신다. 마치 모세가 애굽 왕자에서 한순간에 도망자 신세가 된 것처럼 말이다. 그렇게 완전히 무너지고 나면 미련을 가질 여지조차 남지 않는다. 그때부터는 주의 종으로서 하나님을 향한 온전한 헌신이 가능해진다. 실제로 뒤늦게 목회자로 부름을 받은 사람들의 이야기를 들어보면 구체적인 내용만 다를 뿐 패턴이 비슷비슷하다.

　'세상에서 열심히 일하면서 무엇인가를 쌓아나가다가 본의 아니게 그 모든 것을 접게 되고, 결국 하나님께만 온전히 헌신하게 되는 것.'

　패턴이 유사할 수밖에 없는 이유는 목회자들을 부르시고 세우신 분이 같은 분이기 때문이다.

　혹자는 '여유로운 삶을 사는 가운데서 부르실 순 없는 걸까?' 생각할지 모르겠다. 하지만 잘 되어가는 세상일을 알아서 정리하는 게 가능할까? 갑자기 모든 것을 버리고 하나님의 일에만 전념하겠다고 나서는 게 가능할까? 하나님은 그것이 어렵다는 것을 누구보다 잘 아신다. 무엇보다 목회자로 사역하려면 연단이 필요하다. 그런데 '등 따습고 배부른 상황'에서는 연단이 이루어질 수 없다. 반면 아무것도 기댈 곳 없고 의지할 데 없는 처절한 상황에서 연단을 받고 나면 하나님의 종으로 헌신할 기반을 마련하게 된다. 그 가운데서 하나님의 역사를 온전히 목도하게 되고 내가 잘나서 할 수 있는 일은 하나도 없음을 알게 된다. 아울러 최악으로 보이는 상황에서도 하나님이 함께하시면 승리할 수 있음을 깨닫게 된다.

나의 아버지 역시 주의 종으로 부름받기 전, 그런 험난한 과정들을 거치셨다. 할아버지로부터 거대한 빚을 물려받은 아버지는 열악한 조건에서도 성실히 사업을 이끌어가셨다. 그리고 신학을 공부하면서부터는 기존의 사업을 정리하고 신앙 서적과 테이프 등 신앙 관련 자료 및 물품을 판매하셨다.

그러나 열심히 할수록 가세는 기울어져 갔다. 그런 상황이 세상일들로부터 완전히 손 떼게 하시려는 하나님의 의도임을 그때는 알지 못했다. 연단이 연단인 줄 모르기에 나는 당시 주어진 상황에 대해 끊임없이 물음표를 던졌다.

'대체 왜 이런 일이 생길까?'

아버지의 연단과 함께 가세가 기울어지는 상황이 내 머리로는 이해가 되지 않았다. 급기야 달동네로 이사하게 되었을 때는 도저히 이해가 안 되어 어머니에게 이런 질문까지 했다.

"엄마, 친구들은 점점 큰 집으로 이사 가는데 왜 우리는 점점 작은 집으로 이사 가요?"

반항하려는 의도가 있었던 건 아니다. 그냥 너무 궁금해서 물어본 것일 뿐이다. 마치 남들은 앞을 향해 열심히 걸어가는데 우리는 계속 뒷걸음질만 치는 게 이해되지 않았다. 듣는 어머니의 입장에서는 마음이 무너져 내리는 일이었을지도 모른다. 요즘 흔히 하는 말로 '팩트폭력'이 아닌가.

그때는 그 상황이 전진이 아닌 후퇴로 보였다. 그러나 돌아보면 우리 가족이 향하던 길 끝에는 하나님이 계셨다. 누군가에게는 그 상황이 몰락으로 비쳤을 수도 있지만 실제로는 하나님께 더 가까이 나아가는 중이었다.

그렇게 달동네 연단 프로젝트는 하나님의 이끄심 속에서 시작되었다. 그 과정은 단순히 아버지와 어머니를 목회자로 세우기 위한 연단만은 아니었다. 훗날 아버지를 이어 목회자로 사역하게 될 나를 위한 연단이기도 했다.

달동네에서 살려면 탁월한 적응력과 공간지각 능력이 필요하다. 누군가에게는 잠을 자는 것이 하루를 마무리하는 단순한 일과에 불과하겠지만 내가 살던 달동네 집에서는 단순한 문제가 아니었다. 잠을 잘 때마다 고도의 두뇌게임을 해야 했다. 밤마다 도저히 풀기 힘든 퀴즈가 주어졌다. 문제는 이렇다.

'네 식구가 다 누울 수 없는 좁은 방에서 모두 누워 자려면 어떻게 해야 할까?'

우리는 매일 이 말도 안 되는 퀴즈를 풀어야 했다. 답이 없는 문제 같았지만 기어코 풀어냈다. 아버지, 어머니, 한 아이는 바로 누워 자고 그 머리맡에 남은 아이가 가로로 누워 자는 방식을 찾아낸 것이다. 물론 완벽하진 않았다. 아버지는 키가 그리 크지 않으셨음에도170cm, 누웠을 때 두 발이 방 밖 툇마루까지 나가고야 말았다.

게다가 여름이면 너무 더워서 좁은 집에 있을 수가 없었다. 독박골 계곡으로 피신하여 살기도 했다. 우리 가족은 그때 이미 시대를 앞서 캠핑족으로 살았던 것이다.

그러나 그런 상황에서도 불행하다고 생각되지는 않았다. 공평하신 하나님은 다른 가족에게는 없는 것을 우리에게 주셨다. 바로 '화목'이다. 우리에게 주어진 화목은 모든 것이 충족되고 평탄한 상황에서 누리는 화목과는 전혀 다른 차원이었다. 열악한 상황이었던 만큼 우리 가족의 화목한 분위기는 더 가치 있게 느껴졌다. 더 나아가 하나님이 허락하신 연단조차 힘들게 느껴지지 않았다. 분명 힘든 상황인데, 마음으로는 힘들게 느껴지지 않는 일들이 펼쳐졌다. 쓰디쓴 맛인데 막상 먹고 나면 어디서도 맛볼 수 없는 달콤함이 감돌았다.

하나님이 하십니다

그때의 연단들은 이후 개척 시기에 다가오는 갖가지 상황을 이겨낼 토양이 되었다. 하나님이 허락하신 연단의 모든 순간은 우리에게 영적 자산이나 다름이 없었다.

먼저 그의 나라와 그의 의를 구하면

1987년, 개척 직후 시골 교회에는 다양한 환경의 사람들이 모여들었다. 이곳도 시골인데 이보다 더한 시골에서 온 성도도 있었다. 바로 강원도 화전민 출신이라는 독특한 스펙을 가진 집사님이다. 향남에 새로운 터를 닦은 집사님은 농토를 빌려 깨 농사를 지었다. 하지만 자본이 넉넉하지 않았던 만큼 농사를 짓기 시작할 때 융자를 따로 받아야 했다. 그때 받은 대출이 무려 500만 원이다. 지금도 큰돈이지만 그 시절에는 더 큰돈이었다.

농사를 위해 빚까지 진 집사님은 교회에 출석하는 동안 남들이 보지 못하는 한 가지를 보게 되었다.

'성가대는 있는데 성가대 의자가 없네?'

당시 순복음발안교회는 맨바닥에서 예배를 드리고 있었고 성가대는 있었지만 성가대 의자는 따로 없는 상황이었다. 집사님은 그것이 내내 마음에 걸렸다고 한다. 결국 성가대 장의자 네 개를 봉헌했다. 거금을 빌려야 할 정도로 돈이 없는 상황임에도 물질로 헌신을 한 것이다.

인간적으로는 쉽지 않은 결정이다. 만약 빚까지 낸 힘든 상황에서 가족 중 누군가가 종교 단체에 큰돈을 냈다고 한다면 어떨까? 기가 찰 노릇이 아닐까? 적어도 믿지 않는 사람의 입장에서 하나님께 헌금하는 것은 종교 단체에 헛돈을 쓰는 것이나 다름없을 테니까 말이다. 이처럼 경제 논리로 따지고 보면 집사님의 행동은 어리석은 행동일지 모른다.

하지만 하나님의 경제관념은 다르다. 헌신은 물질이 넘칠 때만 할 수 있는 것이 아니다. 제로 상태에서도 할 수 있고 마이너스 상태에서도 할 수 있다. 헌신한 만큼 부족한 부분은 하나님이 해결하시기 때문에 걱정할 것이 없다. 하나님을 위해 헌신하는 사람을 하나님은 그냥 두지 않으신다. 더 채우시면 채우셨지 굶게 내버려두지 않으신다.

집사님이 성가대 의자를 봉헌할 마음을 갖게 하신 것도 집사님의 앞날에 특별한 복을 내리시기 위한 하나님의 전략이었다. 마이너스에서 더 마이너스가 되자 집사님은 하나님을 더욱 의지할 수밖에 없었다. 집사님은 밭을 갈기 전에 예배를 드리고, 깨를 심을 때도 예배를 드리고, 수시로 예배를 드렸다. 아버지 역시 집사님을 위해 더 많이 기도하셨다.

하나님이 하십니다

얼마 후부터 물질의 주인이신 하나님은 집사님을 놀랍게 축복하시기 시작했다. 참깨 키가 사람 키와 견줄 수 있을 정도로 잘 자라는 등, 깨 농사가 대성공을 거두게 된 것이다. 특히 당시 깨밭을 대상으로 전국적인 대회가 열리곤 했다. 깨 굵기와 깨알 숫자로 심사하여 순위를 가르는 대회였다. 이때 하나님은 집사님의 깨밭이 화성시_{당시 화성군}에서 1등, 경기도에서 1등, 전국대회에서 1등을 하는 성과를 거두게 하셨다.

나아가 하나님은 숫자를 통해서도 우리를 다시 한번 놀라게 하셨다. 그때 1등 상금이 딱 500만 원이었다. 500만 원을 대출받아 시작한 농사가 500만 원의 상금으로 채워진 것이다.

빚을 진 가운데 하나님을 신뢰한 그 집사님에게 하나님은 그 누구도 예상치 못한 일들을 펼치셨다. 거기에 상금만 탄 것이 아니라 농사한 깨가 모두 종자 씨로 팔릴 수 있게 하셨다.

1등을 세우시는 분도
결국 하나님

하나님의 놀라운 역사를 경험한 집사님은 다음 해, 깨 농사를 앞두고도 기대하는 마음을 가졌다. 하나님께서 역사하신다면 이번에도 좋은 결과가 있을 거라고 생각했다. 그리고 그런 믿음으로 하나님을 신뢰하며 더 열심히 참깨 농사를 지었다.

5월 중순, 파종 시기가 다가왔다. 모든 농사가 다 그러하듯 시기를 놓치면 한 해 농사는 물 건너가기 마련이다. 그만큼 5월 중순에 일하기로 예정된 일꾼들과 파종을 잘 마쳐야 했다. 그런데 복병이 생겼다. 그 해 1990년, 아버지가 목사 안수를 받게 되었는데 파종 시기가 안수 날짜와 딱 맞물려버린 것이다. 그것도 목사 안수식 장소가 화성이 아닌 서울여의도순복음교회이었다. 집사님은 고민에 빠졌다.

'목사 안수식을 위해 여의도로 갈 것인가? 그냥 일꾼들과 일할 것인가?'

사실 집사님이 안수를 받는 것도 아니다. 심지어 주일예배 같은 공예배도 아니다. 하지만 집사님은 최종적으로 목사 안수식에 참석하기로 했다. 우리 교회 담임전도사님이 목사님이 되는 그 특별한 순간에 더 큰 의미를 두었던 것이다.

안수식 참석으로 치러야 할 대가는 생각보다 컸다. 집사님이 서울로 잠시 떠나있던 사이, 집사님과 함께하던 일꾼들이 다른 일터로 다 가버린 것이다. 일꾼들은 말 그대로 일꾼이다. 일에 있어서는 칼 같다. 속된 표현으로 얄짤없다. 그렇게 다 다른 곳으로 가버렸고 집사님 부부는 둘이서 모든 일을 해야 했다. 농사는 이미 엎어진 것이나 다름없었다. 둘이서 파종을 하는 것은 불가능한 일이기 때문이다. 혹시라도 일꾼들이 이해해 주고 기다려줄지 모른다고 기대했던 집사님 부부는 한숨만 내쉬었다. 그렇더라도 하는 데까진 온 힘을 다해 보자며 괭이를 들고는 밭으로 향했다. 축 처진 어깨를 하고 힘없이 걸어가고 있는데 그때 버스 한 대가 앞으로 와서 섰다.

"혹시 여기 일할 곳이 있나요?"

일꾼들이 잔뜩 탄 버스였다. 일꾼이 필요했던 집사님과 일을 찾던 일꾼들이 만난 것이다. 하나님의 개입이 아니면 절대 만날 수 없는 그 만남이 실현된 것이다. 알고 보니 35명 정도 되는 일꾼들이 정해진 곳으로 일하러 갔는데, 밭 주인이 부부 싸움을 하는 바람에 일도 못 하고 복귀하게 되었던 것이다. 그렇게 어쩔 수 없이 돌아가던 중에 괭이를 들고 가는 집사님 부부를 보고 일거리가 있을 수 있겠다 싶어 물었다고 한다.

집사님은 그렇게 그 일꾼들과 함께 일하게 되었고 그 해에도 하나님의 은혜로 1등을 하게 되었다. 그리고 다음 해에도 1등을 하여 3년 내리 1등을 하는 쾌거를 이루었다. 물론 농사지은 것들은 모두 종자 씨로 팔리게 되었다.

사실 '하나님께 물질로 헌신하여 복을 받았다'라는 간증, '하나님 나라를 먼저 구하여 큰 복을 받게 되었다'라는 간증은 교회마다 수도 없이 많다. 우리 교회만 해도 이런 간증들은 늘 있었다. 하지만 당시 집사님을 통해 깨밭에서 펼치신 하나님의 역사는 개척한 지 얼마 되지 않은 시점에서 일어난 일이었던 만큼 더 큰 힘과 용기를 가져다줄 수밖에 없었다.

그때는 교회도 이제 막 시작하는 시기였고 집사님도 이제 막 농사를 시작하던 시기였다. 그런 출발선에서 하나님을 온전히 신뢰하는 것이 얼마나 귀한지를 알려 주고자 하나님은 하나의 징표로서 깨밭 스토리를 펼치신 것이다.

하나님이 하십니다

하나님은 들어 본 적도 없고
본 적도 없는 땅으로 가라고 명하셨다.
그곳에 교회를 세우라고 하셨다.
그리고 사람을 채우라고 하셨다.
일단 30명부터라도 채우라고 하셨다.
단, 너희의 힘으로 이루는 것이 아니라
내가 내 힘으로 일을 이루겠다고 하셨다.

그저 시키시는 대로, 하나님을 의지하며 따라와 보니
어느 순간 교회가 세워져 있었고
교회가 자라가고 있었다.
하나님께 쓰임 받는 교회가 되어가고 있었다.

'왜 이런 일이 생길까?'
답은 결국 하나다.
하나님이 우리 교회를 사랑하시기 때문에.

'왜 이런 걸 우리에게 맡기실까?'
답은 결국 하나다.
하나님이 우리 교회를 사랑하시기 때문에.

모든 것이
하나님의 사랑에서 비롯된 것이었고
모든 것이
하나님의 계획이 성취되는 하나의 과정이었다.

어차피
하나님이
다 하신다

어차피 하나님이
다 하신다

하나님만 알고 계셨던 2007년 5월의 일정

하나님이 함께하시면 혼란 중에도 평안이 깃든다.

비극으로 읽히는 그 상황에서도 축복의 순간을 경험한다.

결혼식 날짜를
변경해야 할 것 같은데

2007년 5월은 나의 결혼식이 있는 달이었다. 그 이상의
뭔가가 더 있을 거라고는 생각하지 않았다. 적어도 그때는 그랬다.
누구나 그렇듯, 결혼식이 있을 5월 26일을 하루하루 손꼽아 기다
렸다. 얼마나 기대가 되었던지 빨리 그날이 오기를 바랐다. 그 바

람이 너무 간절했던 탓일까? 아버지는 예상치도 못한 말씀을 하셨다.

"아무래도 너의 결혼식 날짜를 변경해야 할 것 같은데……."

사실 날짜를 변경하는 것은 상관없다. 결혼한다는 게 중요한 거니까. 아직 청첩장도 돌리지 않았고 예식장 예약도 하지 않은 상황이라면야 언제든지 바꿔도 좋다. 이왕이면 빠를수록 좋다. 문제는 아버지가 그 말씀을 하신 시점이 결혼식을 올리기 '한 달 전'이었다는 사실이다.

'아니 결혼식이 무슨 식사 약속도 아니고 한 달 전에 일방적으로 바꾸라고 하시면 어떻게 하라는 말인가.'

나는 당황스러움을 감추고 이유를 여쭤보니 5월 말에 열리는 목사 안수식 때문이란다. 지방회 목사 안수식에 아버지가 증경회장으로서 참석하시게 된 것이다. 하나님의 일을 늘 우선하던 어머니조차 처음에는 만류하셨다.

"한 번밖에 없는 결혼식인데, 게다가 당신은 지방회 현 회장도 아니고 증경회장인데 꼭 참석해야 되나요?"

그러나 아버지는 사역이 우선이셨다.

"공과 사를 구분해야지. 먼저 그의 나라와 의를 구해야지."

아버지는 아들의 결혼식 날짜를 조정해서라도 그 자리에 참석

해야 한다고 여기셨다. 사실 야속하기도 하고 서운하기도 했다. 하지만 돌아보면 그런 아버지의 모습을 늘 존경스럽게 생각해 왔다. 겉으로는 아쉬워하면서도 속으로는 '역시! 아버지답다'라는 생각이 들었다. 어쩌면 무엇이 먼저인지 삶으로 보여 주신 아버지 덕분에 나는 목회하는 동안에도 기준을 잘 세울 수 있었다. 아버지는 나에게 무엇에 우선순위를 두어야 하는지, 무엇에 중점을 두어야 하는지를 몸소 가르쳐 주신 셈이다.

하지만 존경은 존경이고 현실은 현실이었다. 갑작스러운 날짜 변경에 따라 처리할 일이 많았다. 무엇보다 처가의 동의를 구해야 했다. 감사하게도 처가는 믿음이 좋은 집안이라 변경 문제를 흔쾌히 허락해 주셨다. 어떤 상황에서든 하나님의 일이 먼저라고 생각해 주셨다.

문제는 그때부터였다. 처가에서 이해한다고 해서 끝날 일이 아니었다. 앞으로 넘어야 할 산이 한두 개가 아니었다. 사람들에게 날짜 변경 소식을 알리는 것은 물론, 예약된 일정들을 일일이 조정해야 했다. 다른 건 고사하고 예식장 일정을 바꾸는 난제를 해결해야 했다. 사실 이건 거의 불가능한 일이나 다름없었다. 특히 성수기인 5월에 예식장을 다시 잡는 건 상상도 못 할 일이었다.

하지만 하나님이 하시면 불가능한 일도 가능하다. 무슨 사연이 있었는지 한 주 전에 잡혀있던 예식 하나가 취소되었다고 했다. 결혼식 날짜를 변경하는 것도 있기 힘든 일이지만 취소는 더더욱 상상하기 어려운 일인데 그 말도 안 되는 그 두 가지 일이 동시에 일어났다. 결국, 우리는 극적으로 다른 사람이 취소한 그 타임에 결혼식을 치를 수 있었다.

그렇게 한 주 앞당겨 결혼했다. 비록 일정이 변경되었다는 특이한 에피소드가 있긴 했지만, 하나님의 은혜로 식을 잘 마칠 수 있었다. 신혼여행 역시 무사히 다녀왔다.

인륜지대사라는 결혼식이 잘 마무리된 시점에서 나는 가정을 꾸려나가는 일에 대한 기대감에 부풀어 있었다. 어쩌면 2007년 5월은 내 인생에서 최고의 가정의 달이 될 것으로 생각했다.

아버지를 부르신 하나님 아버지

일주일은 생각보다 빨리 지나갔다. 그리고 결혼을 한 다음 주 금요일, 우리 교회에서는 평소와는 좀 다른 특별한 심야예배가 드려졌다. 특별한 것도 없는데 왠지 특별한 분위기가 감도는 예배였다. 예배 도중 아버지가 안수를 하는데, 성도님들은 특별한 뭔가를 느꼈다고 했다. 설명하기 어려운 무언가를……. 평소와는 다른 무언가를…….

그런 특별한 심야 시간을 보내고 난 후 몇 시간이 안 되어 아버지는 하나님 품에 안기셨다. 그날이 바로 5월 26일, 내가 원래 결혼식을 하기로 예정되어 있던 날이었다.

아버지의 소천은 누구도 상상하지 못한 일이었다. 평소에 지병이 있던 것도 아닌데 과로에 따른 심장마비로 돌아가셨다. 그때 나는 신혼여행을 마친 후 처가에 묵고 있었다. 여행을 끝내고 일상으로 복귀하려던 나에게 부고 소식이 담긴 그 한 통의 전화는 나의 모든 계획을 멈추게 했다.

조금도 예상하지 못했던 일 앞에서 아무 생각도 들지 않았다. 눈앞이 캄캄했다. 믿기지도 않았고 믿고 싶지도 않았다. 어떻게 받아들여야 할지 막막했다. 무엇보다 이해가 되지 않았다. 외딴 지역에 내려와 오로지 하나님만을 바라보며 사역하신 아버지가 아닌가. 왜 하나님은 아버지를 이렇게 빨리 데려가신 것인지 도무지 이해할 수 없었다.

나에게는 가장 큰 슬픔이자 아픔이었던 아버지의 죽음도 하나님의 계획에서는 축복이었다. 새로운 가정의 탄생도 축복이지만 아버지를 부르신 것도 하나님께서 허락하신 축복이었다. 하나님은 그 과정에서도 오로지 당신의 역사를 드러내셨다. 급작스럽게 결혼식 날짜를 옮기게 하신 것을 비롯해서 모든 과정 하나하나가 하나님의 계획과 인도하심에 따른 것임을 깨달았다.

만약 결혼식을 예정대로 치렀다면 아버지가 돌아가신 날이 결혼식 날이 될 뻔했다. 우리는 예측하지 못한 그 일을 하나님은 이미 알고 계셨고 미리 조정해 주신 것이다. 물론, 처음부터 겹치지 않도록 다른 날로 정해 주실 수도 있었다. 또한 5월 말에 목사 안수식이 있다는 것을 고려하여 애초에 그 주간을 피해 결혼식 날짜를 잡게 하실 수도 있었다. 하다못해 아버지를 좀 더 늦게 부르실 수도 있었다. 하지만 하나님은 결혼식 날짜를 변경하고 조정하는 과정을 겪게 하심으로써 하나님의 인도하심과 개입하심을 실감 나게 하셨다.

갑자기 담임 목회자가 부재한 상황을 맞게 되면 가족은 물론 성도들 또한 목자 잃은 양이 된 것처럼 느끼기 쉽다. 모든 게 정지된 느낌 혹은 끝나버린 느낌이 들기까지 한다. 하지만 우리는 하나님의 세밀한 인도하심을 봐왔기 때문에 슬픔과 상실의 자리 속에서도 무너지지 않았다. 하나님이 여전히 우리 가족과 우리 교회를 위해 일하심을 느낄 수 있었기 때문이다. 특히 날짜까지 완벽하게 조정해 주시는 하나님이라면 우리 교회와 우리 가족을 앞으로도 확실하게 인도하고 책임져주실 것이라고 생각했다. 더 나아가 하나님의 주관과 인도하심 속에 우리가 거한다면 이러한 아픔의 순간 또한 하나님께서 능히 극복하게 해 주실 것임을 확신할 수 있었다.

여기 정말
천국이 있다

순복음축복교회에 갑작스럽게 찾아온 이 일은 큰 아픔이자 비극으로 비칠 수 있었지만, 하나님의 시각에서는 새로운 출발을 위한 터닝 포인트였다. 우리는 길을 잃은 것처럼 막막했지만, 순복음축복교회의 미래를 이미 다 알고 계신 하나님은 당황하는 우리를 다독이셨다. 그리고 당신의 계획을 순차적으로 진행해 나가셨다.

교회가 하나님의 인도하심 가운데 있다는 사실은 장례식을 치르는 과정에서도 잘 드러났다. 예고에도 없던 장례식을 치르는데, 이 자리가 장례식인지 잔치인지 헷갈릴 정도였다. 갑작스럽고 경황이 없는 상황에서 성도들이 마음을 모으기 시작했다. 심지어 새가족들도 함께 나섰다. 일반적으로 교회에 발을 들인지 얼마 안 되는 성도는 교회 일에 적극적으로 나서지 않는다. 그런데 당혹스러울 법도 한 이 상황에서 그들은 자발적으로 헌신했다. 어떤 새

하나님이 하십니다

가족은 아기를 업고 와서 봉사하기까지 했다.

물론 어디에나 불청객은 있기 마련이다. 그 정신없는 상황에서도 명함을 내미는 이들이 있었다. 장례식과 명함은 도무지 어울리지 않는 조합이다. 명함을 돌린 이유는 교회를 팔라는 것이었다. 하나님께서 세우신 교회를 팔라는 것도 문제지만, 슬픔에 잠겨있을 유족들에게 교회 매매에 관한 이야기를 꺼내는 것도 내심 놀라웠다. 비슷한 이유로 그 시기에 전화가 빗발쳤다. 이런저런 내용을 이야기했지만 결론은 하나였다.

"교회를 우리에게 넘겨라."

결국, 전화를 다 막았다. 교회를 지키고 보호하려면 차라리 한동안 연락을 받지 않는 것이 나을 듯했다. 이처럼 황당한 일들이 벌어지기도 했지만, 하나님은 여전히 순복음축복교회 편에서 일하고 계셨다. 적어도 우리 교회의 미래는 인간이 결정할 수 있는 것이 아니었다. 교회를 사고파는 권한 또한 인간에게는 없었다. 우리는 그런 중에 오직 하나님의 인도하심만을 구했다. 할 수 있는 것이라고는 하나님을 의지하는 것, 그 하나뿐이었다.

하나님은 장례식 내내 우리를 위로하셨다. 잔치 분위기를 만들어 주신 것은 물론, 순간순간을 은혜의 현장으로 채워가셨다. 특히 입관식 때는 천국의 분위기를 느끼게 하셨다. 아버지의 관을

반쯤 열어 성도들이 헌화하며 인사하는 시간을 마련했는데, 관에
누우신 아버지의 얼굴이 얼마나 환하던지 성도님들이 이구동성
으로 이렇게 말했다.

"오종석 목사님이 '여기 정말 천국이 있다'라고 말씀하시는 것 같
습니다."

그저 하나님이
시키는 대로만 하면 된다

장례식날 밤, 어머니가 형과 나 그리고 아내를 부르셨다.
아무래도 앞으로의 거취 및 지금 우리가 해야 할 일에 대해 말씀
하시려는 듯했다. 아이러니하게도 우리가 할 일은 따로 없었다. 하
나님이 이끄시는 이 상황에서 우리가 할 수 있는 것이라고는 하나

하나님이 하십니다

님을 바라보는 것뿐이었다.

그 자리에서 어머니는 '순복음축복교회는 하나님의 것'임을 재차 강조하셨다. 아버지가 지금까지 담임하셨던 교회지만 이 교회는 우리 것이 아니며, 하나님이 인도하시는 대로만 따라야 한다고 하셨다.

"교회를 지키는 것이 가장 중요해. 그런데 우리가 교회를 떠나는 것이 교회를 지키는 것이라면 기꺼이 떠나야 해. 혹시 이곳에서 나가게 되더라도 그것 때문에 속상해하거나 상처받으면 안 된다."

형과 나는 말없이 고개를 끄덕였다. 교회를 떠나는 것이 교회를 지키는 방법이라면 마땅히 그래야 한다고 믿었다.

한편, 내게는 '당연한 말씀을 왜 굳이 하실까?' 하는 생각도 들었다. 나 역시 교회는 우리 것이 아니라고 늘 생각해 왔는데 말이다. 하지만 돌아보면, 하나님은 우리 마음 깊은 곳에 있는 생각까지도 다 알고 계셨다. 그조차도 내려놓을 수 있게 하시려고 어머니를 통해 그 자리를 갖게 하신 것이다.

사실 겉으로는 교회가 우리 것이 아니라고 말하겠지만 정작 모든 것을 내려놓고 떠나라고 한다면 아쉬움이 생기지 않을 수 없다. '그래도 부모님이 개척부터 지금까지 고생하며 섬기셨는데 이렇게 떠나야 한다니'라는 생각이 조금이라도 들지 않는다면 거짓

일 것이다. 겉으로는 하나님이 세우신 교회라고 하지만, 내심 '내 부모님이 개척하신 교회'라는 소 타이틀을 늘 붙여왔다.

하나님은 그런 감춰진 마음까지도 완전히 내려놓을 수 있기를 바라셨던 게 아닐까? 상처받지 않고 쿨하게 떠날 수 있다고 하면서도 상처가 남을 수밖에 없는 인간의 연약함을 아시기에 어머니를 통해 마음을 다잡을 수 있게 하신 것이 아닐까? 그날 우리는 마음속에 숨어있는 인간적인 생각까지도 완전히 버리기로 했다. 그리고 온전히 하나님의 인도하심에 따를 수 있기를 간구했다.

얼마 후, 지방회 목사님들이 교회로 오셨다. 후임 목회자 문제를 논의하기 위해서다. 목사님들은 교회 중직들과 회의를 열었다. 그런데 그 자리에 모인 분들은 어머니와 나, 둘 중 한 명을 후임자로 세우자는 뜻을 내놓았다. 참고로 나뿐만이 아니라 어머니 또한 신학을 공부한 전도사였다.

어머니와 나는 이미 교회를 떠날 생각까지도 한 상황이었는데, 하나님은 목사님들과 중직들을 통해 오히려 교회에 남는 길을 열어 주신 것이다.

대신 어머니와 나, 둘 중 누구를 후임자로 세울 것인지에 대한 추가 논의가 필요한 상황이었다. 그러던 중, 안수집사님 한 분이 이런 제안을 하셨다.

하나님이 하십니다

"개척자이신 수석 전도사님_{어머니}의 의사를 따르는 게 어떻겠습니까?"

모두가 동의했고 어머니는 하나님의 주관 속에서 의사를 전하셨다.

"둘 중 한 명이 해야 한다면 아들 전도사가 담임했으면 좋겠습니다."

중직들 또한 모두 동의했다. 그렇게 만장일치로 내가 순복음축복교회 2대 담임 목회자가 되었다.

순간 나는 머리에 비상벨이 울리는 듯했다. 감사한 일이기도 하지만 감사할 수만은 없는 상황이었다. 아무것도 준비가 안 된 상황에서 담임 목회를 하게 되다니……. 심지어 모든 것을 내려놓고 있었는데…….

그런데 신기했다. 머릿속은 하얘졌지만 마음속은 평안했다. 하나님이 하실 거라는 마음이 나의 불안과 걱정 사이로 밀려 들어오고 있었다.

괜찮아, 책임은 하나님의 몫이니까

상황도 흔들리고 마음도 흔들릴 수 있다.
하지만 하나님은 어떤 상황에서도 흔들림이 없으시다.
그런 하나님 안에서라면 우리 또한 흔들리지 않는다.

내가 계획했던 이십 대에
이런 장면은 없었다

이스라엘 백성이 홍해 바다 앞에 섰을 때, 바다가 갈라
시는 역사가 일어났다. 절대로 갈라질 수 없는 바다가 양쪽으로
선명하게 갈라진 그 사건은 하나님의 능력을 증명하는 대표적인
역사로 남아있다.

오랜 세월이 흘러 절대로 갈라질 수 없는 것이 갈라지는 역사가
다시 일어났다. 스물일곱, 한 젊은이 머리의 가르마가 홍해가 갈라
지듯 선명하게 갈라졌다. 비율 또한 정확한 2대 8이었다. 스물일곱
나이에 2대 8 가르마라니 정말 흔치 않은 일이다. 적어도 내 인생에
서는 더 말이 안 되는 일이었다. 그런 머리 모양을 하고 나는 단 위
에 올라섰다. 최대한 나이 들어 보여야 했던 나에게 2대 8 머리 외
에는 대안이 없었다. 이것이 2007년 6월 10일, 스물일곱 살의 나이

하나님이 하십니다

로 담임 목회자가 된 내 모습이었다.

스물일곱 젊은 날의 단상 위에 서 있는 나의 모습을 떠올리면 바짝 긴장해서 떨던 것이 생각난다. 학창 시절 선생님이 책을 읽으라고 시키기만 해도 두근거리던 내가 이 나이에 많은 성도 앞에 서게 될 줄이야……. 분명 예상하지 못한 나의 이십 대의 모습이었다. 심지어 옷도 아버지 옷이었다. 구두도 아버지 것이었다. 준비된 것이 아무것도 없기에 아버지 것이라도 급하게 빌려야 했다. 이런 급한 상황에서라면 하늘나라에 계신 아버지도 충분히 허락하실 거로 생각했다.

맞지 않은 옷을 입은 것 같은 어색함이 밀려올뿐더러 실제로 옷도 잘 맞지 않았다. 입긴 입었는데 걸친 것이나 다름없었고 모든 것이 부자연스러웠다. 적어도 내가 계획했던 이십 대에 이런 장면은 없었다. 그러나 하나님이 보시기에 그런 나의 그런 모습은 자연스러웠다. 나에게는 인생 최대의 변수였을지 모르지만, 하나님께는 이미 예비하신 일이자 순조롭게 진행되고 있는 순복음축복교회 역사의 한 장면이었다.

목회자는 어렸지만, 그 어린 목회자 뒤에는 하나님이 붙여 주신 든든한 지원군이 있었다. 성도들이었다. 권사님, 집사님이 교회와 담임 목회자를 지켜야 한다며 새벽마다 모여 기도하기 시작했다. 그 어느 때보다 뜨겁고 간절하게 기도했다.

특히 하나님은 꿈을 통해서도 역사하셨다. 사실 그 시기에는 꿈에서라도 아버지를 뵙고 싶은 마음이 간절했다. 예고도 없이 떠나신 아버지를 꿈에서라도 뵈면 힘이 날 것 같았다. 꿈에서나마 목회에 대한 조언도 듣고 싶었다. 그런데 아버지는 내 꿈에는 잘 찾아오지 않으셨다. 늘 하나님의 나라와 사역이 우선이셨던 아버지는 떠나신 후로도 성도들 가정을 먼저 심방하느라 내 꿈에는 나타나실 겨를이 없으셨다. 성도들의 꿈에 나타난 아버지는 간곡히 부탁하셨다고 한다. 교회를 잘 부탁한다고……, 오영대 전도사를 잘 부탁한다고……. 하나님이 주신 그 꿈이 너무나도 생생해서 실제 심방을 오신 것 같은 느낌을 받을 정도라고 했다.

하나님은 꿈만이 아니라 환상으로도 역사하셨다. 내가 설교할 때 어떤 권사님은 강단 뒤편에 천사가 서 있는 환상을 보기도 했다. 그 환상을 통해 성도들은 하나님이 새로운 담임 목회자와 함께하신다는 믿음을 더 굳건히 가질 수 있었다. 어떤 상황에서도 하나님이 함께하신다는 것을 믿을 수만 있다면 안심하게 된다. 하나님은 이런 역사를 통해 나와 성도들이 안심할 수 있게 하셨다.

하나님은 무책임한 분이 아니셨다. 예고 없이 이 상황을 만들어 놓고 알아서 해결하라고 등 떠밀지 않으셨다. 내가 알아서 할 테니 너는 따라만 오라고 하셨고, 성도들의 기도를 통해 힘을 불어넣어 주셨으며, 꿈과 환상으로 교회를 지키고 계심을 알려 주셨다. 하나님이 교회를 위해 여전히 일하신다는 확신이 서자 우리는 앞으로 더 전진할 수 있었다.

전도하러 갔다가
위로받고 왔다

우리는 그 시기 기도와 말씀으로 마음을 다잡으려고 노력했다. 그러나 성도들의 마음이 항상 강건할 수 있는 것만은 아니다. 인간의 연약함이 수시로 밀려왔고 갑작스레 떠나보낸 목회자에 대한 상실감에서도 쉽게 헤어 나오지 못했다.

이런 상황에서는 전도를 쉴 수도 있었다. 인간적으로 생각해 보면 전도를 잠깐 중단한다고 해서 큰일 날 것도 없었다. 그러나 하나님의 뜻은 달랐다. 전도는 죽어가는 생명을 살리는 일인 만큼 쉬거나 건너뛰어서는 안 될 일이었다. 하나님은 성도들이 이 와중에도 전도하러 나가게끔 일으키셨다.

장례식을 마치고 산소에서 교회로 돌아온 뒤, 어머니가 위로 예배를 인도하실 때의 일이다. 어머니는 이렇게 말씀하셨다.

"담임목사님께서 복음을 전하시다 과로로 천국에 가셨습니다. 세상에서는 삼일간 삼우제를 지키지만, 그것은 산소를 살피기 위한 것이니 우리는 삼일까지 기다릴 것 없이 내일 이틀째 산소에 들려 예배드리고 삼일이 되는 날부터는 전도했으면 좋겠습니다. 이제 아파트 입주가 시작되었으니 전도 현장으로 나가야 합니다. 아마 담임목사님께서도 그것을 기뻐하실 것입니다. 목사님께서도 늘 '하나님만 기쁘시게 하자'라고 했습니다."

이후 성도님들은 자발적으로 전도 현장에 나왔고, 전도의 열정은 더욱 불타올랐다. 물론 어머니도 전도 현장을 지키셨다. 하지만 전도사님과 성도들은 어머니에게 "전도 현장은 우리가 지킬 테니 걱정하지 말고 들어가세요"라고 권했다. 교회에서 기도하면서 쉼을 가지는 게 좋겠다고 말씀드린 것이다. 한 달, 아니 보름만이라도 그렇게 해 주시길 간절히 부탁했다. 그분들의 강권에 어머니는 교회에 남아 기도하셨다. 대신 무더위에 수고하시는 전도 대원을 위해 시원한 음료와 아이스크림으로 응원을 보내셨다.

한편, 우리 교회에서 일어난 많은 일이 지역 내에 고루 퍼지고 있었다. 순복음축복교회 담임목사님이 갑자기 소천했다는 이야기, 아들 전도사가 이어서 담임 목회를 하게 되었다는 이야기. 그런데 그 스토리를 공유한 지역 주민들이 전도하러 나온 순복음축복교회 성도들을 보자마자 위로하기 시작했다.

"상심이 얼마나 크시겠어요?"

"목사님 정말 훌륭하시고 좋은 분이셨는데……."

"아들 전도사가 맡게 되었다면서요. 그 교회는 아들이 해야 해요. 아들이 잘할 거예요."

지역 주민들은 순복음축복교회에 대해 좋은 이미지를 가지고 있었다. 이미 우리 교회는 이웃을 섬기는 교회로 잘 알려져 있었고 아버지도 이웃에게 사랑을 베풀어 오신 분으로 기억되고 있었다. 그만큼 아버지의 소천 소식에 다들 안타까워하며 위로해 주었고, 교회의 앞날 또한 진심으로 응원해 주고 있었다.

그런 이야기들을 들으니 주눅 들어있던 성도들의 어깨가 펴지기 시작했다. 힘이 빠진 채 나왔는데 오히려 위로와 힘을 얻고 돌아왔다. 한국 교회가 점점 지탄받고 있는 시대다. 교회에 대한 칭찬과 격려를 들을 수 있다는 사실은 그 자체만으로도 귀하고 행복한 일이었다. 사실 지역 주민들이 교회에 대해 좋은 이미지를 가지고 있었다고 해도 평소에는 그런 이야기를 나누기는 어렵다. 전도하는 성도들에게 뜬금없이 교회 칭찬을 하는 것도 어색할뿐더러, 교회에 다닐 생각도 없으면서 교회 칭찬만 하고 돌아서는 건 서로에게 민망한 일이었기 때문이다. 그러나 당시는 기꺼이 칭찬하고 격려해 줄 명분이 있는 시기였다. 지역 주민들은 평소에 가지고 있었던 순복음축복교회에 대한 긍정적인 생각을 마음껏 털어놓을 수 있었다. 그리고 그 진심 어린 이야기에 성도들은 큰 힘을 얻었다.

특히 힘든 상황에 놓인 당사자끼리는 서로 위로하고 격려한다고 해도 한계가 있다. 이럴 때는 전혀 관계없는 제삼자로부터 위로와 격려를 받을 필요가 있다. 돌아보면 성도들이 움츠러들고 힘 빠진 상황에서 하나님이 굳이 전도하러 내보내신 이유는 따로 있었던 것 같다. 영혼을 건지는 일도 중요하거니와 하나님은 우선 순복음축복교회 성도들에게 힘을 실어 주길 원하셨던 것이다. 우리는 기대하지 않았던 주민들의 위로와 환대 그리고 응원 속에서 특별한 감동을 만끽했다.

하나님은 전도 과정에서 성도들의 어깨를 펴주셨을 뿐만 아니라 지역사회를 향한 사명도 더욱 불타오르게 하셨다. 만약 이전에 순복음축복교회가 이웃들에게 덕을 끼치지 못했거나 지탄받을만한 일을 했다면 위로의 순간을 경험하지 못했을 것이다. 성도들은 지역사회를 품고 그들을 섬기는 일이 얼마나 중요한 사명인지 재

확인할 수 있었다.

나아가 지역 주민들은 외부인이 아니라 언젠가는 우리와 한 가족이 될 수 있다는 마음도 더욱 분명하게 갖게 되었다. 하나님의 울타리 안으로 초대해야 할 소중한 사람들인 만큼, 더 열심히 전도해야 한다는 각오 또한 다지게 되었다.

성찬 예배가 이렇게 감격스러울 줄이야

과도기에 들어서자 당연한 것들이 당연하지 않게 될 때가 많았다. 대표적인 것 중 하나가 성찬이었다. 우리 교단의 경우, 매월 첫 주 성찬식을 거행한다. 이에 이전까지 우리 교회도 매달 성찬식을 거행했다.

그런데 매달 반복하는 성찬식에서 특별한 감격에 빠져드는 사람이 얼마나 될까? 나 역시도 성찬식은 매월 첫째 주에 당연하게 참석하는 하나의 예식으로 여길 때가 많았다. 중요하고 성스러운 예식이자 예수님의 희생과 사랑을 되뇌는 특별한 자리라는 사실을 머리로 알고 있지만, 성찬식 자체에 설레고 감격스러워하지는 않았다.

아버지의 소천 후, 늘 하던 성찬식을 할 수 없게 되었다. 성찬권은 목사에게만 있는데 당시 나는 목사가 아니었기 때문이다.

한순간도 매월 첫 주 성찬식을 치르지 않는다는 걸 생각해 본 적이 없었다. 늘 당연하게만 생각했다. 그런데 당연한 것이 더는 당연한 것이 아님을 알게 되면서 성찬식의 소중함을 확실히 깨달을 수 있었다.

문제는 성찬식의 가치를 깨닫게 된 것과 별개로 당장 성도들이 성찬식에 참여할 수 없게 되었다는 점이다. 목사 안수를 받기까지 한참 남은 상황에서 이 문제를 어떻게 해결해야 할까? 선택지라도 있다면 간절히 기도하며 골라보기라도 할 텐데 선택지 자체가 없었다. 성찬식을 할 수 있는 방법이 없는 상황에서 대체 어떤 답을 찾을 수 있단 말인가.

누군가는 이렇게 조언할지 모른다. 다른 목사님이 오셔서 성찬식을 대신 거행해 주시면 되지 않느냐고. 그러나 말이 쉽지 어떤 목사님이 주일에 다른 교회에 가서 성찬식을 인도하실 수 있겠나. 아무리 생각해도 답을 낼 수 없자 우리는 낙심했다.

그러나 우리에게는 늘 그렇듯 기적이 뒤따랐다. 성찬식을 거행해 주실 목사님이 나타난 것이다. 당시 지방회장님이셨던 장현태 목사님은 우리를 위해 성찬 예배를 인도해 주겠다고 하셨다. 그것도 매달 꼬박꼬박해 주시기로 약속하셨다.

절대 쉬운 일이 아니다. 담임하고 계시는 교회의 예배를 인도하시면서 동시에 우리 교회에 와주신다는 것은 특별한 각오와 헌신의 마음 없이는 불가능하다. 하지만 하나님이 하시면 그 불가능한 것도 충분히 가능해진다. 그렇게 장현태 목사님은 매월 첫째 주일마다 목사님 교회의 예배가 끝나는 대로 우리 교회에 오셔서 성찬식만 따로 인도해 주셨다. 장 목사님의 헌신은 자그마치 1년 동안 이어졌다. 아마 교회 역사상 이런 사례는 전무후무한 일이 아닐까. 분명 하나님의 인도하심이 아니고는 불가능한 일이었다.

하지만 이걸로 문제가 모두 해결된 것은 아니었다. 성도들이 잘 따라줄지도 의문이었다. 11시에 시작하는 예배는 11시 50분까지 예배 순서를 마치고 성찬을 위해 찬송하며 장현태 목사님을 기다려야 했다. 목사님도 예배를 마친 뒤 오시니 보통 12시 20분에서 30분이 되어서야 도착하셨다. 우리는 약 20분에서 40분 동안 찬양을 해야 했다. 결국, 11시에 시작한 예배는 1시가 지나서야 끝났다. 나중에는 성찬식만 남겨 두고 헌금, 광고와 같은 모든 순서를 앞당기기도 했지만, 예배가 평소보다 늦게 끝나는 건 마찬가지였다. 그래서 큰 우려가 있었는데 놀랍게도 이렇게 1년을 진행했음에도 불평하거나 시험 드는 성도가 없었다. 그때 분명히 느꼈다.

'우리 교회 성도들은 참 착하구나.'

오히려 기다린 만큼 더 소중한 성찬식이 진행되었다. 우리는 매달 은혜 가운데 성찬식에 참여할 수 있었다. 돌아볼수록 장현태 목사님께 감사하다는 생각이 든다. 그 마음을 이끄신 하나님께도 영광 돌릴 수밖에 없다.

물론 은혜는 우리 교회에만 임한 것이 아니었다. 장현태 목사님의 교회에도 특별한 은혜가 임했다. 풍문에 의하면, 유달리 설교가 길었던 목사님께서 어쩔 수 없이 설교를 '평소보다 빨리' 끝내실 수밖에 없었다고 한다. 성도들은 설교가 제시간에 끝나는 은혜로움을 경험했다고 한다.

법은 하나님
아래 있다

하나님은 법을 통해 질서 있는 세상을 이끌어 가신다. 하지만 때로는 또 다른 법과 질서를 재창조하심으로써 그때그때 우리를 예상하지 못한 방법으로 이끌어 주시기도 한다.

인간의 욕심을 위해 법과 질서를 변경하면 혼란에 빠져들게 되지만, 하나님이 재창조하시는 법과 질서는 모든 일을 형통하게 흐르도록 하신다. 그리고 그 가운데서 하나님의 역사하심을 다시금 느끼게 만드신다.

목사 안수를 받는 과정에서도 하나님은 질서를 재창조하셨다.

아버지가 소천하시고 전도사로서 1년가량 담임 목회하던 나에게 제도적인 한계가 많았다. 다른 한계들이야 하나님께 기도하며 극복해 나갈 수 있다지만, 기존에 존재하던 법과 제도는 인간의 힘으로 극복할 수 있는 것이 아니었다. 그중 하나가 목사 안수 문제였다.

당시 나는 목사 안수를 받기까지 한참을 더 기다려야 했다. 교단 헌법에 따르면 선교사나 군목을 제외하고 만 30세가 되어야 목사 안수를 받을 수 있었다. 당시 내 나이는 스물여덟 살이었다.

부교역자였다면 문제가 될 것 없겠지만, 담임 목회하던 나에게는 어려움이었다. 무엇보다 전도사에게 성찬권이 없다는 사실이 가장 큰 문제였다. 지방회장 목사님의 헌신으로 1년 동안은 성찬을 이어갈 수 있었지만, 계속 이 방식을 고수하기에는 무리가 있었다. 목사님의 사역과 그 교회를 위해서라도 다른 방법을 찾아야 했다.

이런 사정을 잘 아는 지방회에서 도움을 주기 시작했다. 특히 지방회장 목사님은 '담임 목회자가 갑자기 바뀌게 된 상황', '중형 교회를 전도사가 이끌어가기에는 어려움이 있다는 상황' 등 내가 목사 안수를 일찍 받아야 한다는 취지로 추천서를 써주셨다. 그리고 지방회에서 인정한 해당 내용은 교단으로 올라가게 되었다.

하지만 지방회에서 많은 도움을 주셨음에도 목사 안수를 일찍 받는 일이 쉬워 보이진 않았다. 목사고시 및 논문 그리고 면접을 끝내고 손에 땀을 쥐며 결과를 기다리고 있었던 어느 날, 교단 '고시 위원회'의 한 목사님에게 전화가 왔다.

"나이 때문에 안 되는 거 아시죠?"

다른 변명을 할 수 없었다. 추천서를 통해 내용을 다 써서 보냈기 때문이다. 내가 할 수 있는 대답은 "네"라는 한마디뿐이었다.

통화가 끝난 후, 이 사실을 가족에게 전했다. 이번에 안 되면 이렇게 전도사로서 3년을 더 사역해야 하는데 가장 큰 걱정은 성찬식이었다. 1년 동안 성찬식을 하나님의 은혜로 진행했지만 3년을 더 지금 방식대로 해야 한다니. 그래서 가족과 함께 무릎 꿇고 그 자리에서 기도했다.

30분 정도 시간이 지났을까? 고시 위원장님께 전화가 왔다.

"오영대 전도사, 걱정 많이 했죠? 회의 결과 목사 안수 통과되었으니 이제 걱정하지 마세요."

천국과 지옥을 오갔던 긴 하루였다.

하나님은 변수로 변수를 통제하셨다. 갑작스러운 담임 목회자 교체라는 변수를 교단에서 벌어진 또 다른 변수로 해결하신 것이다. 당시는 2008년, 통합 문제로 교단이 정신없을 때였다. 그만큼 그해에는 목사 안수 건에 대해 깊이 있는 논의를 할 겨를이 없었

하나님이 하십니다

다. 그렇게 쉽게 인준하고 마무리가 되었다. 결국 복잡한 상황 속에서 나는 이례적으로 만 서른 살이 되기 전에 목사 안수를 받을 수 있게 되었다.

그렇게 담임 목회를 한 지 1년 만에 목사 안수를 받아 순복음축복교회의 담임목사로서 사역하게 되었다. 그리고 목사 안수를 받기까지의 전 과정을 통해 하나님은 더 기도하게 하셨고, 그 속에서 역사하시는 하나님의 위대하심을 발견하게 하셨다.

하나님은 부족한 나에게 좀 더 일찍 목사 안수받을 기회를 열어 주셨다. 또한, 우리 교회의 사역자들을 세우는 전반적인 과정에도 철저하게 개입하셨다. 신학대학을 졸업한 나의 아내 마옥순 사모가 전도사로서 사역할 수 있게 하신 것도 마찬가지였다.

이미 하나님은 준비하고 계셨다. 하나님은 아버지를 통해 '마옥순 사모는 전도사'라는 것을 분명하게 정립하게 하신 것이다. 그것도 우리가 결혼한 다음 날, 아버지가 소천하시기 직전의 주일 예배 때 정립해 주셨다.

그런 사전 준비를 통해 하나님은 아내를 전문적인 사역자로 헌신하도록 이끄셨고, 2021년 5월에는 목사 안수도 받게 하셨다. 그렇게 사람을 세우시고 쓰시는 순간들을 통해 우리는 순복음축복교회를 향한 하나님의 기대를 더 분명하게 느낄 수 있었다.

은혜의 선물은 중단 없이 배달되고

하나님이 베푸시는 기적은

지금 이 순간, 내 곁에서도 벌어질 수 있다.

하나님이
고치신다면 고치신다

갑작스럽게 담임 목회를 시작한 나에게 하나님은 '하나
님이 전적으로 이끄시는 목회'의 진수를 보여 주셨다. 아무런 준비
없이 시작한 담임 목회였던 만큼 인간의 계획대로 진행되는 목회
가 아닌 하나님의 계획대로만 진행되는 목회로 인도하신 것이다.

하나님의 계획에는 생각지도 못한 것들이 있었다. 그중 하나가
신유의 역사였다. 나는 하나님이 사람을 고치신다는 사실을 단 한
번도 의심한 적이 없다. 그러나 하나님이 '나를 통해' 사람을 고치
실 것이라는 생각은 늘 의심해 왔다. 아니, 생각 자체를 해 본 적
이 없다. 신유은사는 그저 은사 사역을 하는 특별한 분들에게만
주어진 것으로 생각했을 뿐이다. 하지만 사람을 고치시는 분은 하
나님이시고 누구를 통해 고칠지 결정하는 것도 하나님이시다. 얼
마든지 그 '누구'가 '내'가 될 수도 있었다.

하나님이 하십니다

그 시기, 하나님은 연약한 나를 위해 강력한 역사를 일으키고자 하셨다. 기도하면 치유가 되는 역사가 일어나기 시작한 것이다. 그런 역사를 통해 하나님은 연약한 목회자를 더욱 강하게 세우셨고, 과도기에 놓인 성도들의 믿음을 굳건히 붙들어 주셨다.

당시 우리 교회에는 정체 모를 병으로 고통받는 집사님이 계셨다. 집사님에게 나타난 증상 또한 난생처음 보는 것들이었다. 몸에서 열이 나기 시작하더니 온몸의 피부가 화상 입은 것처럼 타버렸다. 검게 타버린 집사님을 보고 주저앉을 것만 같았다. 내 마음도 이미 검게 타버렸다. 하지만 그 와중에도 희망이 찾아온다는 마음을 버리지 않았다.

의사들은 고개를 저었다. 방법이 있으면 어떻게든 시도라도 해볼 텐데 방법 자체가 없다고 했다. 할 수 있는 것이라곤 '관망'뿐이라는 것이 의료계의 답변이었다. 이는 다른 말로 '포기'라고도 한다. 그렇게 집사님은 이 약도 듣지 않고 저 약도 듣지 않는 난관에 봉착했다. 막막했다. 이런 상황에서 목회자인 내가 뭘 어떻게 해야 하나. 할 수 있는 것이라고는 기도하는 것뿐인데 대체 뭐라고 기도해야 하나 생각이 깊어졌다. 이 시점에서 위로와 희망을 전한다는 것도 쉽지 않았다. 그렇다고 아무 말도 안 하는 것 또한 말이 되지 않았다.

아무것도 할 수 없는 상황에서도 답은 있었다. 아무것도 할 수 없을 때는 아무것도 하지 않으면 된다. 다 내려놓고 하나님의 전적인 역사를 기다리면 된다. 아무것도 하지 않고 다 내려놓는 것은 하나님을 온전히 의지하는 과정이기도 하다.

할 수 있는 것이 아무것도 없음을 인정하고 고백하자, 하나님께서 전적으로 역사하기 시작하셨다. 내 마음에 하나님의 뜻과 방법만을 심어 주시고 입술까지도 완전히 주관해 주심으로써, 오로지 하나님이 인도하시는 상황이 펼쳐지기 시작한 것이다. 하나님은 어떤 말을 해야 하는지 분명하게 일러주셨다. 나는 그대로 전하기만 했다.

"집사님, 사명 있으시죠?"

막상 말하고 나니 내가 더 놀랐다. 가만 보면 집사님의 상황과 도무지 맞지 않는 질문이 아닌가. 적어도 아픈 성도 앞에서는 위로와 희망에 관한 메시지를 전하는 게 일반적인데, 사명에 관해 이야기했다. 하나님이 내 입술을 온전히 주관하신 게 분명했다.

참고로 집사님은 교회학교 교사로 봉사했다. '교회학교 교사'라는 타이틀에서 이미 느껴질 것이다. 아이들을 사랑하는 마음과 하나님을 향해 헌신하고자 하는 그 열정이 얼마나 컸는지를……. 집사님은 사명이 있냐는 질문에 한 단어로 대답하셨다.

"네."

입을 떼기도 힘든 상황에서 집사님은 아주 작게나마 진심을 고백하셨다. 누군가는 희한하게 생각할지도 모르겠다. 생명이 위중한 상황에서 사명이 있냐고 질문하는 사람이나 그렇다고 대답하는 사람이나. 아파서 일어나지도 못하는 사람에게 '사명 감당'을 논한다는 것 자체가 인간적으로 보기에는 어불성설이다. 마치 다 죽어가는 아이의 엄마에게 '아이 밥 잘 챙겨!'라고 말하는 것과 뭐가 다른가.

그러나 나와 집사님은 이미 하나님이 주도하시는 가운데 대화를 나누고 있었다. 질문도 하나님의 이끄심대로 전해진 것이지만 그 대답 또한 하나님의 강권적 인도하심 속에 우러나온 것이었다.

문제는 다음이었다. 사명이 있느냐고 질문하긴 했는데, 그다음에는 대체 뭐라고 해야 하나. 이 와중에 사명 잘 감당하시라고 할 건 아니지 않은가. 하지만 그조차 내가 걱정할 것은 아니었다. 다음도 하나님이 주도하시는 대로 따르기만 하면 된다. "네"라고 나지막이 내뱉은 집사님의 대답에 이어 하나님은 이런 말을 전하게 하셨다.

"그러면 하나님이 일어나게 하실 거예요. 하나님은 사명이 있는 사람은 데려가지 않으세요. 사명이 다 끝나야 데려가셔요. 집사님은 아직 사명이 있으니깐 분명히 하나님이 일으키실 거예요."

사명이 있다고 대답했으니 이제 하나님이 살리실 거라는 논리다. 세상의 상식으로는 인과관계가 맞지 않았다. 그러나 하나님 안에서의 그 대화는 집사님을 살리기 위한 과정이자 절차였다. 나는 그렇게 말하고 난 뒤 간절하게 기도했다. 그리고 기도와 함께 하나님이 앞으로 인도하실 일들을 기다렸다.

놀랍게도 하나님은 이후에 주치의 선생님을 통해 미국에 조직 샘플을 보낼 수 있게 하셨다. 그렇게 골수를 추출해 미국에 보낸 후 조직검사를 진행했다. 당시 우리 교회 성도들은 집사님을 위해 더 열심히 기도했다. 어떤 병인지라도 알아야 치료를 할 수 있었던 만큼 더 간절히 매달렸다. 그렇게 합심하여 기도하던 가운데 드디어 검사 결과가 나왔다. 집사님의 병명은 류머티즘성 관절염 스틸병이라고 했다. 지금은 잘 알려진 흔한 병이자 비교적 쉽게 치료받을 수 있는 병이지만, 내가 담임 목회를 시작한 그 시기만 해도 이 병은 희소병으로 분류되었다. 2000년대 중반, 이 병을 앓는 것으로 보고된 사람이 우리나라에서는 집사님이 최초였고, 전 세계에서도 세 명밖에 없는 상황이었다.

이후로 치료가 일사천리로 진행되었다. 병명을 알자 필요한 약이 무엇인지를 파악할 수 있었고 적절한 치료를 이어갈 수 있었다. 해외로부터 약을 공수해야 하는 만큼 약값에 대한 부담도 만만치 않았지만, 주치의 선생님이 서류 작성을 도와주고 수급자 혜택도 받을 수 있어 큰 부담 없이 약을 먹을 수 있었다. 모든 것이 하나님의 은혜였다. 이후 집사님의 병세는 호전되기 시작했다. 모든 수치가 정상으로 돌아오기 시작했고 몸 상태도 회복되어 갔다.

몸이 회복된 이후로는 '사명이 있다'라는 그 진솔한 고백대로 계속해서 교회학교 교사로 봉사하셨다. 전도 사역을 위해서도 열정을 다했고, 50일 기도학교를 진행했을 때도 한 번도 빠지지 않고 나올 정도로 열정을 쏟으셨다.

그때의 신유 역사는 집사님에게는 '소생'이라는 선물로, 나에게는 '연약함의 극복'이라는 선물로 다가왔다. 이후로도 하나님은 연약한 나를 순복음축복교회를 이끌 도구로 쓰시고자 선물을 지속해서 보내주셨다. 처음에는 위기처럼 보이지만 실상은 특별한 선물과도 같았던 은혜의 순간들 말이다.

우리는 4대가 함께 사는 가족

우리 가족은 아버지가 떠나신 후로 다 같이 살았다. 여기서 말하는 '다'에는 아내, 어머니, 할머니가 모두 포함된다. 그리고 앞으로 태어날 아이들 셋까지도 포함된다. 또한, 결혼 전까지 1년간 함께 살았던 형도 포함된다. 자그마치 4대로 구성된 일곱 식구가 한집에 살게 된 것이다.

　우리가 살던 집에는 방이 세 개 있었다. 방 세 개면 꽤 괜찮은 조건이라고 생각할 수 있지만, 한 세대일 때의 이야기다. 일곱 식구를 수용하기에 방 세 개는 너무나도 좁았다. 게다가 균등하게 인원을 배분한 것도 아니었다. 할머니와 어머니가 따로 방을 쓰셔야 했고, 나머지 한 방에서 나와 아내, 그리고 세 명의 아이들이 지내야 했다.

　그래도 괜찮았다. 네 식구가 달동네 방에서 나란히 눕지도 못했던 시절에 비하면 넉넉했다. 좁은 방에 다섯 식구가 호흡하다 보면 산소가 모자라 머리가 띵할 때도 있지만, 그조차도 감사할 일이었다. 신소가 모자랄 정도로 호흡이 원활하게 일어나고 있다는 건 그만큼 다섯 식구 모두 건강하게 숨 쉬면서 살고 있다는 뜻일 테니까.

　하나님은 4대가 같이 사는 북적이는 공간에서 특별한 경험을 하도록 도우셨다. 특히 아이들은 증조할머니, 할머니와 함께 살면서 현대사회의 아이들이 받지 못하는 특별한 사랑과 가르침도 받을 수 있었다. 하지만 감사한 가운데서도 '바라는 것'이 생기기 마련이었다. 그때 내가 간절히 바랐던 것은 별다른 게 아니었다. '두 개의 화장실'이다.

　　　　　　　　　　　　　　　하나님이 하십니다

당시 방은 세 개지만 화장실은 하나뿐이었다. 그리고 일곱 명이 하나의 화장실을 쓴다는 것은 배설의 욕구까지도 절제해야 하는 극한 상황을 만들어내곤 했다. 물론 그 덕에 재미난 에피소드들이 양산되긴 했다. 화장실은 타이밍인데, 한 집에서 같은 음식을 먹으면 배설 타이밍이 로테이션으로 돌아가는 것이 아니라 한 번에 몰려온다. 그때부터 전쟁이 벌어진다.

한번은 빨리 나오라고 하소연하는 막내의 소리를 무시한 덕에 막내가 화장실 문 앞에서 볼일을 본 적도 있다. 막내 잘못도, 내 잘못도 아니다. 배설을 참을 수 없는 인간의 연약함 탓이었다. 나는 그 사건 이후로 배설 과정에서도 절제할 수 있는 능력을 얻게 되었다. 아이가 나오라고 소란을 떨면 배변 중에도 중단하고 나갈 수 있는 그런 능력 말이다. 아이들도 그런 열악한 환경을 재미로 승화시키는 기술을 터득해갔다. 같이 화장실에 들어가 번갈아 앉아가며 배설하는 아주 독특한 기술 말이다.

그러나 이런 에피소드를 재미로만 받아들이기에는 한계가 있었다. 아이들이 점점 성장하고 청소년기를 앞두면서 더는 한 개의 화장실만으로 버티기가 어려웠다. 다른 건 더 바라지 않았다. 그저 화장실이 한 개만 더 추가되기를 바랐다. 하나님이 이런 고충을 모르실 리 없으셨다. 그동안의 불편함과 고충을 이겨내는 연단이 마무리되자 하나님은 화장실 두 개가 있는 사택을 선물로 주셨다.

  하나님은 이렇게 우리 가정 가운데 항상 위로를 부어 주셨고 행복이 깃들 수 있도록 지켜주셨다. 4대가 함께하는 공간에서는 외로울 겨를도 없었다. 동시에 '4대가 북적거리는 가족'이라는 타이틀이 누군가에게는 특별하고도 신선한 도전으로 다가갈 수 있게 하셨다. 함께 사는 것이 불편함을 넘어 특별한 행복을 만들어 낼 수 있음을 증거할 수 있도록 우리 가정을 사용하신 것이다.

하나님이 하십니다

상황과 환경이 변해도
하나님은 변함이 없으시다.
내 위치가 바뀌어도
하나님은 바뀌지 않으신다.

그래서 언제나 동일하신 하나님은
언제나 동일한 행복을 우리에게 허락하신다.
이는 어떤 상황에서도
우리가 승리할 수밖에 없는 이유다.

하나님은 우리와
같은 꿈을 꾸고
같은 뜻을 품길 원하신다
그래서 우리에게 비전을 보여 주신다.

하나님이 주신 비전은
하나님이 우리와 함께하고 싶으시다는 사인sign이다.
하나님이 우리를 사랑하신다는 고백이다.
하나님이 우리를 끝까지 책임지신다는 약속이다.

우리 교회는 그런 비전을 품고 자란 교회다.
그런 하나님의 사랑을 먹고 자란 교회다.

CHAPTER

03

하나님
손에
자라다

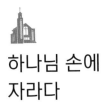

하나님 손에
자라다

하나님이 된다고 하시면 된다

때로는 비현실적, 비상식적인 비전이

하나님의 뜻임을 확신하게 만드는 도구가 된다.

하나님이 주신 비전은
사라지지 않는다

전지전능하신 하나님을 믿는다고 하면서도 우리는 종종
하나님 앞에서 이렇게 반응한다.

'하나님, 그건 좀 말이 안 되는데요?'

'에이, 그게 어떻게 가능해요.'

하나님이 하십니다

CHAPTER

하나님의 위대하심을 고백하면서도 막상 인간의 능력을 초월한 비전을 내보이시면 고개부터 젓는다. '그래도 상식적으로 말이 되는 비전을 보여 주셔야 하는 거 아니에요?'라고 말하면서…….

우리 교회가 처음 세워질 당시에도 하나님은 말도 안 되는 비전을 보여 주셨다.

'5천 명 성도, 3천 평 부지, 2천 평 건축'

이 슬로건을 보면 아마 이런 이미지가 떠오를 것이다. '인구 10만이 넘는 중소도시에서 300명가량의 성도가 출석하며 성장 가능성이 확연히 보이는 교회' 말이다. 최소 이 정도는 되어야 꿈꿀 수 있는 비전이 아닐까. 현 출석 성도는 그렇다 치고, 최소 지역 인구라도 어느 정도 되어야 5천 명의 성도가 다니는 교회를 그려볼 수 있다. 하지만 '5천 명 성도, 3천 평 부지, 2천 평 건축'은 그런 규모를 갖춘 중소도시 교회에서 내건 슬로건이 아니었다. 발안이라는 시골 동네에서 개척할 때부터 품었던 비전이었다. 당장은 아니지만 언젠가는 실현될 교회의 모습, 곧 하나님이 아버지에게 심어 주셨던 비전이었다.

아마 아버지 스스로는 이러한 비전을 꿈에서도 상상하지 못하셨을 것이다. 어느 정도 성장 곡선에 있다면 모를까 이제 막 개척을 시작한 상황에서 어떻게 이런 거대한 숫자를 품을 수 있을까.

무엇보다 과거에 사업가로 활동하셨던 아버지는 수치나 계산에 능하셨다. 그런 아버지이기에 5천 명 성도의 비전을 생각한다는 것은 더더욱 말이 되지 않았다. 당시 동네의 전체 인구가 3천 명도 되지 않았기 때문이다.

인구가 3천 명이 안 되는 지역에서 500명 성도를 꿈꾸는 것은 말이 되지 않는다. 지역 인구 6분의 1이 한 교회에 다닐 수는 없는 노릇 아닌가. 하지만 그 정도까지는 꿈이라도 꿔볼 수 있다 치자, 그런데 지역 인구의 1.5배가 넘는 성도를 기대한다는 것은 상식을 넘어서는 일이었다. 사탕이 세 개뿐인데 다섯 개를 갖겠다고 우기는 것처럼 말이다. 하지만 말이 안 되고 상식에서 벗어났기 때문에 우리는 분명히 알 수 있었다.

'하나님이 주신 비전이 맞구나. 최소한 인간적인 계산이 들어간 비전은 아니겠구나.'

3천 명 인구에서 5천 명을 데려오는 것이 우리에게는 불가능한 일이었지만, 오병이어로 오천 명을 먹이신 하나님 앞에서는 문제 될 일이 아니었다.

말도 안 되는 일이기 때문에 하나님의 뜻임을 확신할 수 있었던 아버지는 이 비전을 붙들고 기도하고 또 기도하셨다. 시간은 금세 흘러갔다. 아버지와 어머니가 그 비전에 관한 이야기를 나눈 것이 아득한 기억으로 남아있을 만큼 세월이 훌쩍 지나가 버렸다.

개척한 지 18년가량 지난 2006년 12월, 아버지는 어머니에게 물으셨다.

"발안에 내려올 때 받은 그 비전 가지고 지금도 기도하고 있어?"

"그럼요."

그 비전이 하나님이 주신 비전임을 다시금 확인하는 순간이었다. 사실 아버지는 그 비전이 어떤 비전인지 따로 언급하지 않으셨다. 하지만 어머니는 굳이 설명하지 않아도 잘 알고 계셨다. 정확하게 숫자도 기억하고 계셨다. 아마 인간의 포부를 담아 내세웠던 비전이었다면 시간과 함께 잊혔을지 모른다. 하지만 하나님이 주셨기 때문에 비전은 세월이 지나도 부모님 가슴에서 사라지지 않았다. 기도 제목 중 하나로 항상 고정되어 있었다.

비전을 위해 계속 기도해 왔다는 어머니의 대답에 아버지는 뭔가 확신에 찬 한마디를 하셨다.

"알았어."

무엇을 알았다는 것일까……. 아버지는 그 비전과 관련하여 무언가를 결심하신 듯했다. 그리고 얼마 후 2007년이 시작되면서 아버지는 그 비전이 적힌 현수막을 교회에 거셨다. 그동안 품고 기도해 오던 것을 공동의 기도 제목이자 공동의 비전으로 세우는 순간이었다. 하나님은 목회자가 바뀌기 5개월 전부터 대대적인 준비를 하고 계셨다. 그렇게 하나님은 교회를 향해 그려 오신 비전을 교회 전체에 공유되도록 하셨다.

'5천 명 성도, 3천 평 부지, 2천 평 건축.'
이 비전을 바라볼 때마다 우리는 하나님의 뜻을 확인하게 된다.
'불가능해 보이던 일을 비전으로 보여 주시는 하나님. 역시 하나님은 하나님이시구나.'
'그 비전이 전수되도록 미리 준비하신 하나님. 진짜 우리 교회를 확실하게 인도해 주고 계시는구나.'
'우리 교회에 이런 거대한 비전을 주시다니, 정말 우리 교회에 대한 기대가 남다르시구나.'
'이 비전을 바라보며 더 합심하여 기도하게 하시는구나.'
그리고 이 모든 것을 통해 우리는 최종적으로 확신한다.
'하나님은 순복음축복교회를 정말로 사랑하시는구나.'
그렇게 이 비전은 축복가족이 흔들리지 않게 해 주는 중요한 토대가 되었다.

하나님이 하십니다

세우시는 분도 하나님, 채우시는 분도 하나님

하나님은 우리 교회를 세우셨고 우리 교회에 맞는 비전도 세우셨다. 그리고 나를 우리 교회의 담임 목회자로 세우셨다. 무엇인가를 새롭게 세워주신다는 것은 영광스럽고 감사한 일이지만 거기에는 필연적으로 동반되는 것이 있다. 바로 '부담감'이다.

세워주신 만큼 책임져야 한다는 사실이 부담이라는 벽돌로 다가와 마음을 짓눌렀다. 하지만 하나님은 항상 그 벽돌을 거둬가셨다. 그리고 벽돌이 사라진 자리에 이런 마음을 심어 주셨다.

'세우는 분도 하나님이고 채우는 분도 하나님이다!'

'5천 명 성도, 3천 평 부지, 2천 평 건축'이라는 비전 역시 결국은 하나님이 하실 일이다. 하나님은 거대한 비전을 던져주신 후, 우리 힘으로 이행하라고 하지 않으신다. 마치 운동선수에게 '금메달'이라는 목표를 던져주고는 자신의 힘으로 달성해내라고 하는 것과는 다른 원리다. 목표를 주신 하나님은 그 목표를 달성하는 일도 직접 행하신다. 우리는 그저 그 과정을 따라갈 뿐이다. 하나님과 동행하면서, 그때그때 하나님의 말씀에 순종하면서 전도하라고 하시면 전도하고 기도하라시면 기도하고 그렇게 나아가다 보면 하나님께서는 우리에게 보여 주신 뜻을 어느새 다 이뤄놓으신다.

물론 하나님은 혼자 일을 이루실 수 있다. 그런데도 우리와 함께 이 일들을 이루고 싶어 하신다. 왜? 우리를 사랑하시기 때문이다. 순복음축복교회에 주신 비전 역시 하나님이 알아서 이루실 수 있는 것이었다. 하지만 하나님은 사랑하는 순복음축복교회 성도들과 함께하고 싶으셨기에 그 비전을 공유하셨다. 그리고 내가 하는 대로 따라오기만 하면 된다고 말씀하셨다.

하나님은 담임 목회자가 바뀌는 시기가 지난 후에도 비전을 점진적으로 성취해 나가셨다. 그 과정 중 하나로, 담임 목회자가 바뀐 지 3년이 지났을 무렵 배가 부흥하게 하셨다.

두 배가 늘어난다는 것은 인간의 힘으로는 결코 이룰 수 없는 일이다. 하나님이 하겠다고 작정하셔야 가능한 일이다. 그렇게 우리 교회는 하나님의 비전과 그것을 이루시는 하나님의 능력으로 부흥하기 시작했다.

부흥, 하나님 손에 달렸다

하나님은 변화가 필요할 때마다

신호를 보내신다.

예배를 둘로 나누자
배가 부흥하는 기적

　　11시 주일 낮 예배에 성도가 80% 정도 찼던 시기가 있었
다. 그런데 그 시기를 기점으로 성장이 더디어졌다. 성도 수가 늘
지 않게 된 것이다. 하지만 걱정할 필요는 없었다. 여기서 우리가
우리 탓을 한다면 그 이전의 성장 또한 우리의 공로로 돌리는 것
이 되어버린다. 우리가 잘해서 그동안 성장한 것이 아니듯, 지금
주춤하는 것 또한 우리가 잘못해서 그런 것이 아니었다. 그 이전
부흥의 역사가 하나님의 은혜였다면 지금의 상황 역시 하나님이
계획하신 일이다. 하나님이 우리에게 보내시는 하나의 '사인sign'일
것이다. 그렇다면 그 '사인'에 담긴 의미는 무엇일까? 하나님은 성
장이 멈춘 상황을 예배 시간대를 바꾸는 기회로 삼아주셨다. 곧
주춤한 성장은 '예배의 변화를 시도해야 한다는 사인'이었다.

　당시 우리 교회의 7시 예배는 봉사자들 일부가 드리는 예배로
기능했고, 위성 예배로 드려지는 9시 예배에는 참석하는 사람이
거의 없었다. 그리고 11시 예배가 메인 예배로 드려지고 있었다.
　이 시기 하나님께서는 11시 예배를 10시 예배와 12시 예배로 나
누게 하셨다. 내 머리로는 도저히 떠올릴 수 없는 아이디어였다.
어떻게 보면 참신해 보이지만 또 어떻게 보면 무모해 보이는 일이

었다. 그러나 하나님이 주신 그 마음으로 과감하게 분리했고 두 예배 모두 메인 예배로서 기능하게 했다. 비중도 같았다. 어느 예배가 더 메인인지 구분 자체가 불가능했다.

당시 이러한 시도는 예배를 두 번으로 나누는 차원을 넘어서는 일이었다. 하나의 집을 갈라서 두 개로 똑같이 나누는 것이 아니라, 똑같은 집을 하나 더 만드는 방식이었다. 똑같은 교회를 하나 더 개척한다는 개념으로 우리는 이 도전을 시작했다.

하나의 예배를 그대로 더 만들려면 더 많은 봉사자가 필요하다. 가령 성가대의 경우, 기존 성가대를 반으로 나누는 것이 아니라 성가대를 하나 더 만들어야 했다. 그밖에 예배를 위해 헌신하는 봉사자들 또한 더 모아야 했다.

이 과정에서 가장 걸리는 부분은 주방 봉사자들과 교사들이 그만큼 더 수고해야 한다는 사실이었다. 물리적으로 힘을 더 들여야 하는 만큼, 그들이 따로 모인 자리에서 상황을 설명해야 했다. 감사하게도 그 자리에 모인 봉사자들은 흔쾌히 협조해 주었다.

하나님께서 주신 마음이자 하나님께서 이끄시는 도전인 만큼 인간적인 걱정과 달리 일은 순조롭게 진행되었다. 주방 봉사자들과 교사들도 잘 따라 주었고 그 외의 봉사자들도 각각 모였다. 설

불리 시도할 수 없는 일이라고 생각했지만 하나님께는 큰 문제가 아니었다.

그때만 해도 하나님의 계획을 파악하기 어려웠다. 아직 성전이 차고 넘치는 것도 아니고 나누는 과정에서 준비할 일도 상당한데, 왜 이 시점에서 예배를 나눠야 하는지 궁금했다. 하지만 우리가 그 이유까지 알 필요는 없었다. 하나님이 하시는 일은 그 자체로서 타당한 일일 테니까.

그렇게 주일 예배는 10시와 12시로 나누어 드려졌다. 나는 시간 대 변경에 따른 결과를 예상해 보았다. 분리 직전에 90% 정도가 채워졌으니 각각의 예배에 45%씩 나뉘게 될 거라고 짐작했다. 그런데 현실은 그렇지 않았다. 45%가 아니라 각각 65%씩 채워졌다. 그때부터 정체되었던 성장 곡선이 치고 올라가기 시작했다. 보통 우리는 '신의 한 수'라는 말을 쓰는데, 예배 시간을 개편한 것은 말 그대로 '신의 한 수'였다. '하나님의 한 수!'

밥이 있는 곳에 은혜가 있다

사람은 '떡으로만' 사는 존재는 아니다. 하지만 '떡 없이' 살 수 있는 존재도 아니다. 하나님이 그렇게 만드셨다. 뭔가를 먹어야 살 수 있도록. 그래서 끼니마다 먹을 것을 찾는 것은 인간에게 허락된 자연스러운 모습이다.

오병이어 사건 때도 예수님은 모인 사람들에게 말씀만 들려주지 않고, 먹을 것도 주셨다. 이처럼 놀라운 기적을 일으키시면서까지 우리의 양식을 책임져주셨다.

먹을 것을 공급하는 것은 사랑을 베푸는 대표적인 모습이다. 먹어야만 살 수 있는 생명체인 사람에게 양식을 공급한다는 것은 그의 생명을 소중히 여긴다는 뜻이기 때문이다. 그래서 어려운 이웃을 도울 때도 일차적으로 나누는 것이 음식이다. 실제로 교회가 어려운 이웃을 도울 때, 구호헌금으로 영의 양식인 성경책을 대량 구매해서 전달하지 않는다. 먼저 육의 양식인 먹거리부터 전달한다.

순복음축복교회도 밥을 중요하게 생각한다. 주일날 예배만 잘 드리고 설교 말씀만 잘 전하면 끝이라고 생각하지 않는다. 사랑과 정성으로 지은 밥도 잘 나눠야 한다. 분명 음식을 나누는 것은 하나님의 사랑을 나누는 중요한 모습 중 하나일 테니 말이다. 무엇보다 음식을 나누려면 헌신이 필요하다. 쉽게 결단할 수 있는 일이 아니다. 주일마다 밥을 주는 우리 교회의 풍경을 살펴보면 잘 알수 있다. 봉사자들은 1부 예배가 끝난 이후로 계속 식사를 준비해야 한다. 한번 돌리고 또 돌리고, 예배가 끝날 때마다 반복해서 돌리는 것을 매주 다 감당한다. 재정 또한 만만치 않게 들어간다. 우리 교회 식탁교제 재정의 경우, 연말에 주별 식사비 후원을 받는다. 성도들은 그 가운데서 자원하여 헌신한다. 결혼기념일, 생일 등 특별한 날에 교우들에게 밥을 대접한다는 명목으로 반찬값을 봉헌하기도 한다.

　이렇게 온갖 노력이 다 들어가는 일이 음식 나눔이다. 그 많은 성도를 위해 물질로 헌신하고, 식재료를 준비하고 다듬고 요리하고 대접하는 일련의 과정까지 실천하는 것은 특별한 결단 없이는 불가능한 일이다. 그래도 하지 않을 수 없다. 밥을 나누는 것 역시 하나님의 사랑을 증거 하는 하나의 예배이니까.

　그런 의미에서 과감하게 말할 수 있다. 밥을 주는 사람이라면 그 사람의 사랑은 진짜 사랑이라고. 적어도 말로만 때우는 사랑이 아니라고. 그리고 '그저 밥을 퍼주는 교회'라면 그건 '진짜 사랑할 줄 아는 교회'라고. 먹는 것에 대한 남다른 철학으로 순복음축복교회는 '밥 주는 교회'로서 자리매김했다. 그리고 밥이 하나님의 사랑이라는 것은 여러 면에서 증명되기 시작했다. 실제로 밥이 있어서 교회에 정착한 성도가 있을 정도다. 아마 그 성도는 밥을 먹으면서 느꼈을 것이다.

　'이게 사랑이구나. 하나님은 나를 먹이시는 좋은 분이구나.'

투명해야 할 때는 투명하게

돈 관리,
하나님 앞에 떳떳하면
사람 앞에서도 떳떳하다.

규모가 커지는 만큼
시험 거리도 찾아오고

돈은 사람을 시험에 빠뜨리는 강력한 도구다. 돈으로 상처받는 일도 많고 돈으로 오해를 사는 일도 많다. 돈과 무관할 것 같은 사람이 돈과 가까이하면 사람들은 더 깊은 오해에 빠진다. 그 오해를 그냥 내버려 두면 헤어 나올 수 없는 늪에 빠지게 된다.

하나님의 은혜로 교회가 성장하면서 감사할 일들이 넘쳐났지만 동시에 오해를 살만한 일도 생겼다. 어느 교회든 마찬가지일 것이다. 규모가 작을 때는 나타나지 않던 문제가 규모가 커지면서 발생하는 현상이랄까.

특히 재정과 관련해서는 더욱 그렇다. 목사에 대해서도 의심이 생기기 시작한다. 이 정도 규모의 교회가 보유한 재정이 정말로 깨끗하게 사용되고 있는지, 목사가 몰래 챙기는 것은 없는지, 이런 의문이 싹트기 시작하면 의문은 금세 의심이 된다.

충분히 의문을 가질 수 있고 의심도 할 수 있다. 아마 내가 성도였어도 그러지 않았을까? 교회라는 공동체가 정말로 깨끗하게 재정이 운영되는지 관심을 가지고 지켜보는 것은 자연스러운 일일 테니까. 무엇보다 한국 교회 및 교단의 재정 관리가 구설에 올랐던 적이 많았던 만큼 '혹시 우리 교회도?'라는 생각을 누구라도 가질 법하다.

그런 의심과 오해를 나 또한 피하지 못했다. 그럴 때마다 마음이 복잡해졌다.

'억울하더라도 그냥 참고 지나가야 할까? 아니면 속 시원하게 터놓고 말해야 할까?'

처음에는 목사니까 참고 또 참아야 할 것 같다는 생각이 강하게 들었다. 억울하다고 해명하는 모습이 과연 좋아 보일까 싶기도 했다. 하지만 그럴수록 오해는 더 불거졌다. 오해에는 남다른 능력이 있다. 바로 자가복제自家複製 능력이다. 1이 3만큼 오해를 샀다면, 다음에는 3이 30이 되고 300이 된다. 예상 못 한 방식으로 추가가 되고 부풀려져 나중에는 손을 쓸 수 없게 만든다.

문제는 오해하는 사람이 정해져 있는 게 아니라는 점이다. 나를 미워하거나 나와 거리가 있는 사람만이 아니라 가까운 사람, 오랫동안 함께해 왔던 사람도 할 수 있는 게 오해다. 그런 오해의 습성 덕에 근거 없는 이야기가 돌기 시작했고 그 상황을 알게 되면서 결단하게 되었다.

'당당하고 투명하게 다 말하자.'

단지 내 억울함을 풀기 위해서가 아니라 성도들이 괜한 오해에 휩싸이지 않게 하기 위해서라도 당당히 알려야 했다. 특히 일부 성도들이 오해할 수밖에 없는 결정적 이유가 있었다. 바로 '정확한 사실을 모르기 때문'이다. 모르면 '나름대로' 추리하게 되고, 그 추리는 어느새 사실이 된다. 그래서 설교 시간에 정확하게 이야기하기로 했다. 오해가 될 만한 것들을 투명하게 하는 것은 성도들의 궁금증을 풀어 주는 반드시 거쳐야 할 단계라고 판단했다.

예민할 수밖에 없는 '명의' 문제

재정과 관련하여 예민하게 반응하는 것 중 하나가 '명의 문제'다. 우리 교회에서 간간이 돌았던 소문 역시 명의와 관련된 것이었다. 교회 소유의 논과 밭이 교회 명의가 아니라는 사실이 돌면서 오해가 불거지기 시작한 것이다.

교회 명의로 되어 있지 않은 건 분명한 '사실'이다. 하지만 그 부분이 문제가 있다는 오해는 결코 사실이 아니다. 우선 법적으로 논과 밭은 교회 명의로 살 수 있는 땅이 아니다. 적어도 용도 변경하기 전까지는 그렇다. 교회는 농사꾼이 아니기 때문이다. 결국, 교회가 논이나 밭을 매매하려면 대표자 이름으로 사게 되어 있고, 이에 따라 우리 교회도 논밭을 담임목사인 아버지 명의로 샀다. 물론 정부에서는 아버지 개인의 땅인 것으로 오해할 수 있을 것이다. 하지만 우리는 그 땅이 분명히 교회의 땅이라는 것을 잘 알고 있다.

이후 아버지가 소천하시고 명의가 어머니와 나에게 왔다. 여기서 오해의 씨앗이 싹트기 시작했다. 어머니가 결혼하면서 개명하셨는데, 명의를 돌릴 때는 등본상의 이름을 사용한 것이다. 등본상의 이름, 즉 결혼 전 어머니의 이름을 성도들이 알 턱이 없었다. 결국, 논과 땅의 명의를 떼어 본 일부 성도들이 정체 모를 이름의 등장에 의심하기 시작했다.

그때 명의자로 추측된 사람이 바로 고모다. 개척 당시 할머니는 집을 팔아 헌금하셨고, 고모들도 개척할 때를 비롯하여 교회가 어렵고 힘들 때마다 물질적으로 큰 도움을 주었다. 물론 그조차도 하나님께서 그분들을 통해 역사하신 것이었다. 그런 헌신을 알고 있는 성도들이 '초창기에 교회의 재정을 위해 힘써준 고모에게 명의를 돌린 것이 아니냐?'라고 추측하기 시작한 것이다.

'교회 땅을 고모에게 넘겼나 보다.'

'뿌렸으니 거두려는 것 아닐까?'

초기에 헌신을 한 만큼 교회 땅을 고모에게 주었다는 논리로 읽힌 셈이다. 그리고 그 추측은 소문이 되어 날개를 달고 이리저리 퍼지기 시작했다.

투명하게 모든 것을 공개할 날을 잡았다. 오해하고 잘못된 소문을 퍼트린 것을 책망하기 위해서가 아니라, 이런 일로 교회 분위기가 흐트러지지 않게 하기 위해 자리를 마련했다. 그리고 정확하게 모든 것을 밝혔다.

"논과 밭은 용도 변경되기 전까진 교회 명의로 할 수 없습니다. 그리고 어머니의 호적 이름과 실제 이름이 다른 이유가 있습니다. 아버지께서 결혼하실 때 예수 믿는 사람으로서 '용'자는 별로 좋지 않다고 판단하여 현재의 이름을 새롭게 지어 준 것입니다."

"현재 용도 변경이 가능한 것은 교회 명의로 돌렸지만, 그 외의 땅은 준공이 떨어져야 용도 변경이 가능합니다. 그래서 용도 변경을 위해서도 기도 중입니다."

여기에 덧붙여 소문을 만들어 퍼트리는 것에 대한 문제도 분명하게 지적했다.

"참고로 우리 어머니는 '이' 씨입니다. 개명을 했어도 성은 변함

없고 그 땅의 명의 또한 '이' 씨로 되어 있습니다. 그리고 나는 '오' 씨입니다. 곧 우리 고모 또한 '오' 씨입니다. 적어도 고모라면 명의가 '오' 씨로 되어 있어야 마땅합니다. 하지만 '오' 씨가 아니라 '이' 씨로 되어 있다면 명의의 주인공이 고모일 수는 없습니다. 그런데도 과거 고모의 헌신을 이유로 그릇된 소문이 형성된 것입니다."

나는 강단에서 분명하게 말했다. 꾸미려면 제대로 꾸미라고. 차라리 이모로 오해하면 모를까 어떻게 고모로 오해할 수 있느냐고.

물론 정체 모를 이름이 명의로 올라와 있으면 이상하게 생각할 수도 있다. 나였어도 '어? 이건 뭐지? 대체 누구지?'라는 의문을 품었을 것이다. 하지만 중요한 것은 의심이 든다고 해서 잘못된 소문을 지어낼 권리는 없다. 그렇게 그릇된 소문의 확산을 막기 위해서라도 이 모든 것을 알려야 했다. 이 역시 교회를 바로 세우고 성도들을 바로 양육하는 데 있어 중요한 부분이었다.

사례비, 그것이 알고 싶다

'저 사람은 한 달에 얼마를 벌까?'

현대인들이 궁금해하는 질문 중 하나가 아닐까? 그런데 교회 안에서는 이 궁금증이 더욱 증폭된다. 적어도 교역자에 대해서는 사례비가 헌금의 일부라는 점에서 사례비에 대해 더 궁금해할 수밖에 없다. 우리 교회 역시 이 부분에서 추측이 난무했다. 우선 일부는 우리 교회 부교역자 사례비가 상대적으로 적다고 이야기했다. 그리고 또 다른 일부는 부교역자가 일반 성도들보다 더 많이 받는다고 이야기했다.

어느 쪽에 장단을 맞추든 문제로 인식되는 건 마찬가지다. 사례비가 낮다고 하면 처우를 제대로 해 주지 않는 것이므로 문제가 되고, 사례비가 높다고 하면 어려운 시기에 검소하게 살지 않는 것이므로 문제가 된다. 결국, 부교역자 사례비에 대해서도 분명하게 언급할 필요가 있었다.

깔끔하게 몇 가지로 함축해서 전달했다. 먼저 사례비가 적지도 않고 많지도 않다는 사실을 전했다. 말 그대로 적정선을 잘 지키고 있다고 강조했다.

"다른 교회에서 사역하는 부교역자에 준하여 사례비가 적은 편이 아닙니다. 일반적으로 교회 규모에 비례해서 지급하는데, 그에 비해 적게 주는 것이 아닙니다."

단, 여기에 중요한 사실을 한 가지 덧붙였다.

"하지만 일반 성도보다는 적게 받습니다."

더불어 부교역자 사례비 공개에 대한 목회 철학을 분명하게 밝혔다. 부교역자 사례비는 담임목사가 결정하고, 그 금액에 대해서는 절대 공개하지 않는다는 사실을 말이다. 여기에도 중요한 이유가 있다.

"사역자가 일반 성도보다 적게 받는다고 하면 동정의 대상이 될 수 있습니다. 그런데 사역자는 존경의 대상이 되어야 합니다. 그리고 무엇보다 사역과 직장은 비교해서는 안 될 공간입니다."

여기에 두 가지 이유를 덧붙였다.

"사례비를 공개하면 사역자의 가치를 금액으로 평가하게 됩니다. 곧 누구는 얼마짜리, 누구는 얼마짜리라고 자신도 모르게 판단하게 되는 것입니다. 아울러 불경기 때는 직장에서 해고되는 일들도 비일비재한 만큼, 급여 부분에 더 민감하게 반응할 수 있습니다. 그런 상황에서 저는 함께하는 동역자들을 보호할 책임이 있습니다."

물론 여기서 끝이 아니다. 사실 성도들이 가장 궁금한 것은 부교역자 사례비가 아닌 담임목사의 사례비이다. 궁금하지만 차마 물어보기 힘든 그 사실에 대해 나는 과감하게 공개했다. 부교역자들의 사례비는 오해의 소지를 막고 보호해야 할 책임이 있어 비공개로 한다지만, 내가 나를 보호할 필요는 없기 때문이다. 그래서 나의 사례비 역시 날을 정해 당당하게 공개했다.

특히 그 사례비가 세 사람의 사례비를 다 합친 것이라는 사실도 함께 알렸다. 어머니는 수석 전도사이고 아내 역시 목사다. 하지만 어머니와 아내는 사례를 받지 않는다. 심지어 어머니는 34년 동안 사례비를 받지 않고 사역하셨다. 사역자이기 때문에 받는 게 마땅한데도 거부하셨다. 아들이 담임목사인데 받을 수 없다는 게 어머니의 철학이었다. 목사이자 사모인 아내 또한 받지 않겠다고 했다.

여기에 헌금도 당당하게 공개했다. 현재 우리 교회에서 헌금 액수로, 내가 1, 2등을 달리고 있다. 확실한 건 사례비의 반 이상이 순수 헌금으로 쓰인다는 사실이다. 또한 사례비보다 헌금을 더 많이 했던 해도 있었다. 그래서 덤으로 생긴 것도 있다. 바로 빚이다. 현재 빚만 5천만 원이 남아 있다. 지금 추세라면 앞으로 더 쌓일 예정이다. 그래도 상관없다. 담임목사가 먼저 심지 않으면 교회는 부흥할 수 없다. 아울러 나는 내 사례비 및 부교역자 사례비와 관련해서 다음과 같은 말로 쐐기를 박았다.

"하나님이 주신 건 작아도 작지 않고 커도 크지 않습니다. 우리는 그저 사명감을 가지고 할 뿐입니다."

하나님이 하십니다

가족밖에 없었던 개척 교회가
하나님 손에 이끌려 성장해갔다.

그냥 명하시는 대로만 하고
따라오라는 대로만 따라갔을 뿐인데
하나님은 교회를 키워주셨고
부흥하게 하셨다.

앞으로도 우리가 생각할 것은 하나뿐이다.
'하나님이 지금 이 순간
우리에게 원하시는 것은 무엇일까?'
그 뜻에 순종하기만 하면
그다음은 하나님이 알아서 하신다.

하나님이 이끄셨다

하나님이 이끄셨다

———

———

교회가 성장하도록 이끄신 하나님은
성장하는 만큼 성숙해질 수 있도록 이끄셨다.
양적 성장을 향한 비전뿐만 아니라
지금 이 시대에 우리가 감당해야 할 비전도
분명하게 보여 주셨다.
더 나아가 영적인 군사로서 특훈시키셨다.

사실 특훈은 별다른 게 아니다.
기도와 말씀을 통해 하나님께 마음을 두는 것,
그것이 최고의 영적 훈련이다.
하나님께 눈과 귀가 열려 있으면
하나님의 군사로서 쓰임 받을 수밖에 없기 때문이다.

7천 명의 용사,
반드시
세운다

7천 명의 용사,
반드시 세운다

하나님의 사람 7천 명을 세운다

하나님이 나를 통해
하나님의 일을 이루신다는 사실은
비전을 받은 자의 가슴을 설레게 한다.

과연, 사람이
바뀔 수 있을까?

사람들은 사람이 새로운 사람으로 바뀔 수 있다는 것을
확신하지 못한다. 사람이 바뀌는 것에 대한 확신이 들지 않아서
그럴지 모르겠지만 언젠가부터 우리는 '사람은 안 바뀐다. 절대로'

라고 단정 짓기 시작했다. 그런데 이러한 공통의 신념이 되어버린 것을 깨신 분이 예수님이다.

> "그런즉 누구든지 그리스도 안에 있으면 새로운 피조물이라
> 이전 것은 지나갔으니 보라 새것이 되었도다"
>
> ____ 고린도후서 5:17

곧 '사람은 안 바뀐다'라는 전제 앞에 '예수님을 통하면'이라는 단서가 붙으면 그 전제도 수정이 가능해진다. 분명 예수님을 통해서라면 절대 못 바뀔 것 같은 사람도 충분히 바뀔 수 있다. 그러나 전제가 수정되었음에도 사람들은 여전히 사람이 바뀔 수 있다는 것을 인정하지 않는다. 세상 사람들이야 그렇다 쳐도 예수님을 믿는 사람이라면 예수님으로 인해 바뀔 수 있다는 이 사실을 인정해야 하는데 여전히 받아들이지 않는다. 예수님을 통해 새사람이 될 수 있다고 입술로는 고백하지만 마음속으로는 수긍하지 못하는 것이다.

내 주변에서도 마찬가지다. 어디를 가든 사람은 변할 수 없는 존재라고 말한다. 목회자들을 만나도 그렇게 생각하는 경우가 많다. 강단에서는 '우리는 예수님으로 말미암아 새사람이 될 수 있습니

다라고 선포하지만, 현실에서는 '사람? 절대 안 변해. 소용없어'라고 생각한다.

분명 내가 보기에는 변하는데 왜 그렇게 생각할까? 하다못해 성경에서도 완전하게 변화된 인물들이 등장하지 않는가. 혈기 왕성하던 모세도 가장 온유한 사람으로 불리게 되었고민 12:3, 살기등등한 눈빛을 가진 사도 바울도 복음과 사랑을 전하는 사도가 되지 않았던가.

어쩌면 우리 주변에 그런 사람들이 없어서 회의감이 생겼는지도 모른다. 일종의 패배 의식이라고나 할까? 사실 목회자들 역시 하나님의 능력을 믿지 못해서가 아니라, 그런 사람을 찾기 힘들다는 현실적 아쉬움 때문에 소용없다고 말하는지도 모른다.

실제로 교회에 열심히 다니면서 신앙생활을 하지만, 삶과 인격은 변하지 않는 사람이 많다. 그리고 그런 비인격적인 모습 가운데서 여전히 상처받는 사람도 많다. 그런 현실 속에 치여 가면서 어느새 우리 마음에 '사람이 변하는 건 있을 수 없다'라고 확신하게 된 것이다.

하지만, 성경 인물이 하나님의 능력으로 변할 수 있다면 지금 이 시대를 살아가는 사람도 충분히 변할 수 있다. 분명 예수님을

하나님이 하십니다

통해서라면 누구든 바뀔 수 있다. 성령이 거하시면 완전히 새로운 사람이 될 수 있다.

하나님은 '사람은 충분히 변할 수 있다'라는 확신을 내 안에 더욱더 강하게 심어 주셨다. 그리고 그 마음은 순복음축복교회의 새로운 비전을 세우는 토대가 되었다.

세상에 맞짱 뜰 7천 명을 세운다

사람은 변화될 수 있는 존재다. 예수님을 통하면 충분히 바뀔 수 있다. 그런데 여기에는 중요한 단서가 하나 더 붙는다. '예수님을 통해 사람이 변화'되지만, 하나님은 그 변화되는 과정에서 '사람을 사용하신다'라는 것이다. 곧 사람이 사람을 변화시키는 일에 쓰임 받게 된다.

하나님은 이 사실을 깨닫게 하시면서 더욱 분명하게 비전을 심어 주셨다. 사람을 변화시키는 일을 위해 나서야 할 사람이 바로 '우리'라고. 순복음축복교회가 사람을 살리고 세워나가야 한다고. 그리고 그때 하나님은 하나의 말씀을 우리에게 지표로 주셨다.

"내가 이스라엘 가운데에 칠천 명을 남기리니

다 바알에게 무릎을 꿇지 아니하고

다 바알에게 입맞추지 아니한 자니라"

_____ 열왕기상 19:18

바알 선지자들에게 하나님의 살아계심을 제대로 보여 준 갈멜 산 대결! 성경 이야기 중에서도 유독 짜릿한 명장면 중 하나가 아닐까? 그러나 이 사건을 보며 통쾌해하는 우리와 달리, 사건의 현장에 있던 엘리야의 상황은 말이 아니다. 바알 선지자들에게 살아 계신 하나님을 나타냄으로 본때를 보여 줬지만 그 통쾌함을 느낄 겨를도 없었다. 그는 또다시 비참한 도망자 신세가 되었다. 바알 숭배자들을 죽게 했다는 이유로 바알의 광신도인 이세벨의 복수전이 시작된 것이다. 도망에 지친 엘리야! 그의 소원은 이제 하나뿐이다.

'생을 마치고 싶다.'

오죽하면 엘리야는 하나님께 목숨을 거둬달라고 애원하기까지 한다. 그 와중에 천사는 엘리야에게 찾아와 음식을 건넨다. 죽고 싶다는 사람에게 음식이라니! 엘리야의 입장에서는 고역일지도 모른다. 그것도 모자라 앞으로 긴 여정을 떠나야 하니 든든히 먹어 두라고까지 한다. 하는 수 없이 먹은 엘리야. 앞날이 막막하기만 하다.

하나님이 하십니다

역시나 또 다른 긴 여정이 그를 기다리고 있었다. 일주일도 아니고 40일을 걸었다. 호렙산에 이르자 이제 눈앞에 보이는 게 없다. 참다 참다 못해 이제 하나님과 맞짱을 뜬다. 그는 당당하게 하소연한다. 다른 선지자는 다 죽고 자기만 남았다고. 이제 어떻게 할 거냐고.

> "그가 대답하되 내가 만군의 하나님 여호와께 열심이
> 유별하오니 이는 이스라엘 자손이 주의 언약을 버리고
> 주의 제단을 헐며 칼로 주의 선지자들을 죽였음이오며
> 오직 나만 남았거늘 그들이 내 생명을 찾아
> 빼앗으려 하나이다"
>
> ─── 열왕기상 19:14

'나만 남았다'라며 좌절하는 엘리야. 그러나 그것은 엘리야의 생각일 뿐이고 하나님의 생각은 달랐다. 홀로 남아 공포와 외로움을 토로하는 엘리야에게 하나님은 예상치 못한 답변을 내놓으신다. "내가 이스라엘 가운데에 칠천 명을 남기리니 다 바알에게 무릎을 꿇지 아니하고 다 바알에게 입맞추지 아니한 자니라"왕상 19:18.

일곱 명도 아니고 7천 명이라고 하셨다. 엘리야가 상상하지도 못한 숫자다. 그 많은 하나님의 사람이 곳곳에 있다는 말에 엘리야는 더는 할 말이 없다. 혼자 남아 힘들다는 소리도 더는 꺼내지 못했다. 결국, 빼도 박도 못한 채 엘리야는 다시금 하나님의 명령을 받들고 길을 떠난다. 다시 하나님께서 시키는 대로 따른다. 엘리사를 선지자로 세우고 이후로도 선지자로서의 사명을 감당한다.

하나님은 우리 교회가 이 말씀을 붙들게 하셨다. 말씀 속의 숫자를 비전으로 품게 하셨다.

'7천 명.'

엘리야도 놀라게 만든 그 거대한 숫자, 7천 명. 그 숫자를 순복음축복교회에 주셨다. 하나님은 그 시대 바알에게 무릎 꿇지 않은 7천 명을 남겨 두신 것처럼, 지금 이 시대에도 하나님의 사람 7천 명이 세워져야 한다고 말씀하신다. 마지막 때에 세상에 무릎 꿇지 않고 사탄에 입 맞추지 않은 7천 명의 용사를 키워 내라고 하신다. 그리고 덧붙이신다. 그 일은 순복음축복교회의 몫이라고. 그렇게 우리 교회에 분명한 비전을 보여 주었다.

> "그에게 하신 대답이 무엇이냐 내가 나를 위하여
> 바알에게 무릎을 꿇지 아니한 사람 칠천 명을

남겨 두었다 하셨으니 그런즉 이와 같이 지금도
은혜로 택하심을 따라 남은 자가 있느니라"

____ 로마서 11:4-5

솔직히 생각해 보자. 인간적인 시선에서 보면 이 일은 결코 쉬운 일이 아니다. 70명 정도라면 한번 해 보겠는데 700명도 아니고 7천 명이라니. 그게 어디 우리 힘으로 가능한가? 심지어 지금 이 시대는 바알 숭배로 오염되던 그 시대보다 더하면 더했지, 덜하지 않다. 능력의 선지자 엘리야도 그렇게 힘들어했는데 우리가 어떻게 이 시대를 이겨내겠는가? 어떻게 그 가운데 이 거대한 사람을 하나님의 용사로 세우겠는가. 아무리 봐도 우리가 할 수 있는 일은 아닌 듯했다.

하지만 하나님은 충분히 가능하다고 하신다. 내가 다 할 터이니 너희는 따르라고만 하신다. 그리고 분명히 말씀하신다. 너희 힘으로 하는 게 아니니 착각하지 말라고 말이다. 이 일은 내 능력으로 이루어지는 것이며 너희는 그저 도구로 쓰임 받는 것이라고 하신다. 그러니 너희는 아무 걱정하지 말고 그냥 나를 따라만 오라고 하신다.

7천 명이 또 다른
7천 명을 살리면

'살리는 것'은 예수님께서 이 땅에 오신 목적이다. 예수님은 끊임없이 죄를 짓는 인간을 살리기 위해 성육신하셨고 십자가 고난을 받으셨다. 그리고 다시 살아나셨다. 예수님이 살리는 사역을 하셨던 것처럼, 어떤 목회든, 사역이든 '살리는 것'을 목표로 삼아야 한다.

그런데 하나님은 직접 사람을 살리실 수도 있지만, 그렇게 하지 않으신다. 교회와 사람을 통해 그 일을 이루어 가신다. 곧 우리를 통해 살리는 역사를 행하신다. 나아가 우리 교회가 7천 명을 살리고 세우면 그 7천 명은 각자의 영역으로 나아가 그곳에서 사람들을 살리게 된다. 예수님의 제자 된 자가 다시 누군가를 예수님의 제자로 삼는 것이다.

그렇게 우리가 세운 7천 명이 정계, 재계, 문화예술계, 체육계, 교육계, 법조계 등에서 작은 밀알이 되어 '살리는 사역'을 감당하면 세상은 조금씩 바뀌기 시작한다. 각 분야에서 새롭게 7천 명이 세워지기 때문이다. 그리고 하나님의 사람으로 세워진 이들이 세상에 휩쓸리지 않고 세상과 맞짱 뜨게 되면 하나님의 나라가 확장

되기 시작한다.

비전,
교회의 사역을 이끌
동력이 되다

비전은 사람을 가만히 못 있게 한다. 하나님이 비전을 심어 주신 순간부터 마음이 뜨겁게 타오른다. 그리고 시키지 않아도 열정을 쏟기 시작한다. 해야 할 일이 눈앞에 보이고 그 일의 주체가 자신임을 알게 되기 때문이다.

나 또한 비전을 받고 나서 설레었다. 하나님이 우리를 통해 일하실 일들이 눈앞에 보이자 가만히 있을 수 없었다. 특히 이 비전은 우리 교회의 사역 방향을 잡아주는 역할을 했다.

순복음축복교회의 사역 체계는 하나님을 중심으로 예배와 전도 사역, 축복과 섬김 사역, 교제와 교육 사역이 각각 대칭을 이루고 있다. 그리고 대칭을 이루는 항목 간에는 중요한 상호작용이 일어난다. 이 여섯 가지 항목이 서로 시너지를 냄으로써 하나님의 사역이 극대화한다.

특히 하나님은 예배, 전도, 축복, 섬김, 교제, 교육이라는 6대 사역이 추구하는 상狀에 대해서도 그려 주셨다.

먼저 예배 영역에서 추구하는 상은 '예배자'이고 전도 영역에서 추구하는 상은 '부활의 증인'이다. 또한 축복 영역에서 추구하는 상은 '선한 청지기'이고 섬김 영역에서 추구하는 상은 '충성된 일꾼'이다. 아울러 교제 영역에서 추구하는 상은 '중보기도자'이고 교육 영역에서 추구하는 상은 '말씀의 사람'이다. 그리고 이 모두를 다 합치면 다음과 같이 한 단어로 함축된다.

'성령충만한 사람.'

물론 나 역시 사람이 바뀌는 게 가능할지 의심이 밀려올 때가 있다. 하지만 사람을 변화시키는 것은 하나님의 말씀이고 하나님의 사랑이다. 곧 성령의 역사 가운데 복음이 사람을 변화시킨다.

하나님이 하십니다

그래서 누가 봐도 어려운, 아니 말도 안 되는 목표처럼 보이는 그 비전에 대해 우리는 의심하지 않는다. 성령의 역사를 믿고 예수 그리스도의 복음의 능력을 믿기 때문이다. 성령충만하면 불가능한 것이 없기 때문이다.

지금도 순복음축복교회는 꾸준히 7천 명을 세우고 있다. 예배자 7천 명, 부활의 증인 7천 명, 선한 청지기 7천 명, 충성된 일꾼 7천 명, 중보기도자 7천 명, 말씀의 사람 7천 명. 그리고 이들은 이 세상 곳곳에 나가 다시 성령의 인도하심 가운데서 7천 명을 세울 것이다. 하나님이 우리 교회에 보여 주신 비전이 그렇게 현실이 되어 가고 있다.

중보기도 시스템으로
하나님이 일하실 통로를 열다

부족하고 연약한 자가 누릴 수 있는 특권이 있다.
하나님이 허락하신 은혜의 상황을
온전히 은혜로 여길 수 있다는 특권

은혜가 은혜인 줄
아는 지혜

예고도 없이 이십 대에 담임 목회를 시작한다는 것은 그 자체만으로도 아이러니였다. '역량을 가진 사람에게 그에 맞는 일을 맡긴다'라는 세상의 원리에 철저히 위반되는 것이니까. 그러나 하나님의 원리는 세상의 원리를 초월했다. 세상의 원리가 인간을 나타내는 것이라면 하나님의 원리는 온전히 하나님을 드러내는 것이었다.

사실 역량을 갖춘 완벽한 사람이 일을 이루면 하나님이 드러날 여지가 없다. 그 모든 것을 이끄신 분이 하나님이심에도 사람들은 그 가운데서 하나님을 느끼지 못한다. 그저 대단한 사람이 대단한 일을 해냈다고만 생각한다. 심지어 당사자도 이렇게 생각한다.

'내가 해냈구나. 역시!'

말로는 하나님을 드러낼지 모르지만, 마음속에서는 자신을 향해 대견스러워한다. 그런 역량을 갖게 하시고 준비시키신 분도 하나님이시고 그 일을 행하도록 건강한 몸을 주시고 환경을 열어 주신 것도 모두 하나님의 전적인 개입에 따른 것인데, 그건 쏙 빼놓고 가시적으로 드러난 자신의 행위에만 집중하게 되는 것이다.

하나님은 이러한 인간의 한계에 대해 알게 하신다. 하나님의 개입하심과 인도하심을 수시로 잊어버리는 인간의 한계를. 그리고 그런 한계가 얼마나 위험한 것인지도 깨닫게 하신다. 내 앞의 성과를 자신이 이룬 것으로 착각하는 순간, 교만이라는 단계로 넘어가는 것은 순식간이며 그 교만은 모든 것을 무너뜨리는 것임을 알게 하시는 것이다.

그래서 하나님은 언변 없는 모세를 이스라엘 백성을 진두지휘할 지도자로 세우셨고 할 줄 아는 것이라고는 돌팔매질뿐인 다윗을 왕으로 세우셨다. 세상에서는 아이러니로 그려지는 그 일이 하나님의 시각에서는 인간을 지키기 위한 장치였다. 결국 나를 예고도 없이 담임 목회자로 세우신 것 또한 교만의 늪에 빠지지 않게 해 주는 안전장치가 되었다.

처음 담임 목회자가 되었을 때의 내 상황은 절대 교만할 수 없는 상황이었다. 뭐라도 가진 게 있고 준비해 놓은 게 있다면 조금이라도 나를 드러내 보일 수 있을 텐데 그럴 여지가 아예 없었다.

하나님은 이런 말도 안 되는 상황이 은혜라는 것을 점차 깨닫게 하셨다. 분명 하나님이 허락하신 은혜의 상황을 은혜로 여길 수 있다는 것은 부족하고 연약한 자가 누릴 수 있는 특권이었다. 아마 내가 과시할만한 능력을 갖추고 있거나 담임 목회를 위해 철저한 준비를 했던 사람이라면 하나님이 부어 주시는 은혜를 은혜로 읽어 내지 못했을 것이다. 더 나아가 은혜를 은혜로 보는 순간 하나님의 지혜가 임하기 시작했다. 모든 것이 하나님의 은혜라고 진심으로 고백하는 상황에서 임하는 그 지혜 말이다.

하나님의
뒷북

하나님은 내 의지와 계획대로 준비한 것을 쓰지 않으시고 아무렇지 않게 흘려 넘겼던 일을 통해 역사하기 시작하셨다. 이 또한 하나님의 역사를 온전히 드러내기 위함이었다. 아마 내가 내 계획에 맞춰 준비해 온 것들을 첫 출발지점에서 사용하게 하셨다면 나 자신을 향해 손뼉을 쳤을지 모른다.

'역시 내가 노력하고 준비한 것들이 이렇게 쓰이는구나. 역시 미리 준비해 두길 잘했다.'

하지만 하나님은 '나는 의도하지 않았지만, 하나님은 의도하신 그 일'을 통해 놀라운 일들을 펼쳐나가셨다.

그중 하나가 중보기도학교에 대해 배운 일이었다. 학창 시절, 대만에 있는 장한업 선교사님 교회타이베이순복음교회로 선교를 다녀온 적이 있다. 그때는 내가 이십 대에 담임 목회를 하게 될 것이라고는 상상조차 못 하던 상황이었다. 만약 담임 목회에 대한 뚜렷한 청사진이 있었다면 선교 간 김에 '이것저것 뽑아낼 만한 것을 다 뽑아먹겠다'라며 의지를 불태웠을지도 모른다. 그러나 그때는 그저 선교에 동참한다는 것, 그 이상도 그 이하도 아니었다. 신학생이긴 하지만 평범한 청년으로서 대만 땅을 밟았을 뿐이다. 하나님의 일하심을 바라보고 체험하겠다는 각오만 가졌을 뿐이다.

그런 가운데 대만에 세미나 강사로 오신 이동원 목사님지구촌교회 원로목사으로부터 중보기도학교에 대해 듣게 되었다. 지금이야 중보기도학교가 교회 교육 및 양육 프로그램으로 자리매김했다지만, 그때까지만 해도 지금처럼 중보기도학교가 보편화되지는 않았다. 분명 나에게는 신선한 충격이었다.

'중보기도학교? 중보기도를 배우는 학교?'

중보기도가 중요하다는 것은 알았지만 프로그램화한다는 것에 특별한 인상을 받았다. 그리고 중보기도학교에 대해 배운 것은 당시 선교지에서 겪었던 일 중 가장 특별한 기억으로 남게 되었다.

하지만 배웠다는 것에 의미를 두었을 뿐 이것을 나중에 잘 활용해 보겠다는 생각은 하지 않았다. 내가 당장 한 교회를 이끌어갈 목회자가 될 건 아니었으니까. 적어도 10년 이내에는……. 사역을 해도 부교역자 생활을 꽤 오래 하다가 담임 목회를 하는 것이 일반적인 수순이었기에 그때는 정말 아무 생각 없이 배울 뿐이었다.

하지만 10년은커녕 몇 년 후에 담임 목회를 하게 된 내게 하나님은 그때 배웠던 중보기도학교를 떠올리게 하셨다. 그것도 가장 연약한 순간에, 갑작스러운 변화 속에서 아무것도 할 수 없는 그 순간에 그렇게 그냥 배움 그 자체로 의미를 두었던 그 일을 하나님은 놀랍게 사용하기 시작하셨다. 말 그대로 하나님의 뒷북이었다.

아무것도 할 수 없을 때
할 수 있는 유일한 것

아무것도 할 수 없을 때 유일하게 할 수 있는 것이 있다. '기도'다. 다른 건 몰라도 기도만큼은 할 수 있다. 숨이 붙어있는 한 누구나 기도할 수 있다. 소리를 낼 수 없다면 마음속으로라도 힐 수 있다.

하나님이 하십니다

예고 없이 한 교회를 이끌어야 하는 상황에 놓이자 나는 기도밖에 할 수 없었다. 더 나아가 성도들의 기도가 간절히 필요했다. 담임 목회자라고 해서 내가 교회를 이끌어가는 것이 아니기 때문이다. 교회는 목회자와 성도가 하나님을 의지하며 함께 이끌어가는 공동체다. 때로는 내가 앞에서 끌어 주고 성도들이 뒤에서 따라와야 하며, 때로는 성도들이 앞에서 끌어 주고 내가 뒤에서 따라가야 한다. 그만큼 담임 목회자 혼자만의 기도로는 교회를 이끌 수 없다. 그런데 함께 기도할 수 있게 하는 것이 바로 중보기도다. 그리고 중보기도를 뿌리내리게 하는 데 필요한 것이 이전에 선교지에서 접했던 중보기도학교였다.

그해 7월, 우리 교회는 3박 4일 자체 부흥회로 중보기도 세미나를 열었고, 그것이 지금의 중보기도학교로 자리매김하게 되었다. 담임목사가 된 지 불과 한 달여 만에 세미나를 시작한 것이다.

세미나를 시작하고 일주일이 지나 중보기도팀을 발족했다. 이러한 중보기도 시스템은 '나는 성도들을 위해 기도'하고 '성도들은 연약한 나를 위해 기도'해 주는 최고의 기회가 되었다. 더 나아가 중보기도는 성도들과 마음을 모으는 역할을 했다. 교회에 주어진 다양한 기도 제목을 두고 성도들이 뜻을 모으기 시작한 것이다. 하나님은 그때 '성도들을 하나 되게 만드는 힘이 중보기도'라는 것도 분명히 깨닫게 하셨다.

본래 성도들은 저마다 열심히 기도한다고 하지만 각기 다른 내용을 두고 기도할 수밖에 없다. 그러나 교회에서 함께 드리는 중보기도는 하나의 기도 제목을 두고 기도하게 만들기 때문에 영적화합의 도구가 된다. 특히 당시 우리는 담임목사가 갑자기 바뀌는 과도기를 맞이하고 있었기에 성도들은 더 마음을 모아 열심히 기도할 수밖에 없었다.

그렇게 하나님은 막막한 상황에서 가장 먼저 해야 할 것이 무엇인지를 깨닫게 하심으로써 방향을 잡아주셨다. 사실 어둠 속에서 아무것도 보이지 않을 때, 출구가 어디인지 찾지 못할 때, 손전등

빛이 한 줄기만 비춰도 희망이 생긴다. 중보기도 사역을 시작하게 하신 것이 바로 그 한 줄기 빛이었다.

가끔 생각해 본다. 그 순간에 내 생각으로, 내 의지대로 머리를 짜내었다면 이 생각을 할 수 있었을까? 아마도 인간적인 방법에 골몰해 있었을지도 모른다. 분명한 것은 내 생각대로였다면 중보기도 사역을 그 상황에서 시작하지 않았을 거라는 사실이다. 그야말로 중보기도 사역은 오로지 하나님의 지혜에서 비롯된 사역이다. 그리고 그 사역은 과도기를 지나게 할 영적 동력이 되어 주었고 인간의 연약함 가운데 하나님의 강하심을 드러내는 계기가 되었다.

하나님이 일하시는 통로가 열리다

중보기도 사역을 시작하면서 교회에 중보기도실을 마련했다. 중보기도 시스템을 본격화하기 위한 움직임이었다. 중보기도실에 중보기도 팀도 세운 만큼, 이제 중보기도는 교회의 중대한 사역으로 자리매김하게 되었다.

기도 중에서도 가장 차원 높은 중보기도가 교회 안에 정착되고 중보기도 시스템이 활성화되자 놀라운 변화가 계속 나타났다. 기도가 더해지자 성도들이 달라지기 시작한 것이다. 그때부터 기도의 동역자들이 하나씩 하나씩 세워지기 시작했다. 나중에는 120명 이상씩 나와서 중보기도를 하는 역사가 일어나기 시작했다. 우리는 그때 중보기도 시스템을 마련하게 된 것에 대해 이렇게 말한다.

'하나님이 일하시는 통로가 열리다!'

하나님이 하십니다

사실 하나님은 우리의 기도 없이도 놀라운 역사를 일으켜 주실 수 있다. 하지만 우리가 기도하게 하시고 기도를 통해 일을 이루어 가신다. 기도하고 그 응답으로 하나님의 일들이 실현될 때, 우리가 하나님을 높이고 찬양할 수 있게 된다. 또한 그 과정에서 하나님과 친밀한 교제를 나눌 수 있다.

그렇게 하나님은 새로운 도약을 이루기에 앞서 중보기도 시스템이라는 통로부터 만드셨고 그 통로를 통해 역사하셨다. 더불어 중보기도 시스템은 서로서로를 동역자로 인식하게 해 주었고 더 나아가 하나님과 우리가 동역자임을 깨닫게 해 주었다.

> "우리는 하나님의 동역자들이요
> 너희는 하나님의 밭이요 하나님의 집이니라"
>
> —— 고린도전서 3:9

시간의 십일조를 드리며

하나님께 온전히 드려지는 시간이

내 삶에서 어느 정도나 될까?

하나님께 받은
시간이라는 선물

우리가 하나님께 받은 수많은 선물 중 하나가 '시간'이다. 24시간으로 채워진 하루, 7일로 채워진 일주일, 30여 일로 채워진 한 달, 그리고 그 한 달이 총 열두 번 모인 일 년. 우리에게 주어진 모든 시간이 하나님의 선물이라 생각한다면 하루도, 한 시간도, 1분 1초도 특별해진다.

선물을 어떻게 쓰느냐에 따라서 선물의 가치는 달라진다. 하루가 특별한 순간으로 채워지느냐 그저 그런 일상으로 흘러가느냐는 결국 시간을 하나님의 선물로 인식하느냐 인식하지 않느냐에 달리지 않았을까? 사실 이런 특별한 선물을 매일 받아 누리면서도 정작 그 감사함을 놓칠 때가 많았다. 선물과도 같은 시간을 그저 당연하게만 받아들이기도 했다.

시간에 대한 가치를 놓치면 시간을 활용하는 방식 역시 내 중심으로 이끌어나가기 쉽다. 하나님을 위해 시간을 사용한다고 하면서도 시간 활용에 있어 하나님은 옵션으로 전락할 수 있는 것이다. 내 생각과 방식대로 시간을 운용하면서 남는 짬에 하나님을 떠올리고 하나님의 뜻을 구한다고나 할까? 그런 우리의 현실과 마주하면서 이런 마음이 생겼다.

하나님이 하십니다

'하나님께 온전히 드려지는 시간이 내 삶에서 어느 정도나 될까?'

나는 온전히 하나님께만 집중하는 그 시간의 비율에 대해 고민하기 시작했다. 우리에게 주어진 시간은 우리가 확보한 것이 아닌 하나님의 선물인데 정작 하나님만을 온전히 생각하는 순간이 우리 삶에서 얼마나 되는지, 그저 바쁘다는 이유로 하나님을 위해 온전히 시간을 쓰는 것을 간과하고 있지는 않은지. 생각해 보니, 하나님께 온전히 드리는 시간이 생각보다 매우 적다는 걸 알 수 있었다.

하나님은 사랑하는 우리와 특별한 순간들을 나누기 위해 시간을 선물해 주셨는데 정작 우리는 '지금은 조금 바쁘니 이따 만나요'라고 하며 등을 돌리고 있을 때가 많다. 마치 사랑하는 자녀와 함께 음식을 먹고 대화도 나누고 싶어 맛있는 음식을 준비했는데, 자녀가 '나 바쁘니까 그냥 혼자 먹을게요'라고 하면서 방문을 닫아 버리는 모습과 다르지 않다.

새벽에 기적을 일으키시는 하나님

시간을 온전히 드려야 한다는 마음을 갖게 되면서 우리는 새로운 도전을 시작했다.

'단, 10분의 1이라도 하나님께 드려보자!'

'물질의 십일조만이 아니라, 시간의 십일조를 드려보자!'

그렇게 해서 시작하게 된 것이 '월삭새벽기도회'다. 월삭은 본래 새로운 달의 첫째 날이라는 의미를 담고 있다. 또한 매달의 첫날을 종교적인 축제일로 지키는 유대인의 절기로도 알려져 있다. 우리는 '처음', '시작'의 의미를 강하게 담고 있는 그 월삭이라는 단어로 기도회 이름을 지었다. 처음을 하나님께 드리자는 의미를 담기 위해서다. 그리고 매월 첫 주일이 있는 주간을 월삭새벽기도회 기간으로 정했다. 본래 한 달을 기준으로 했을 때 10분의 1은 3일에 해당하지만 우리는 첫 주간을 다 드리기로 한 것이다나중에는 그 주간 월요일부터 금요일까지의 새벽기도 기간을 월삭새벽기도 주간으로 지켰다.

월삭새벽기도회를 시작한 것은 2014년이다. 그리고 그 한 주간 중에서도 새벽 시간을 하나님께 드리기로 했다. 새벽 시간은 하루의 십일조를 드릴 최고의 순간이기 때문이다. '새벽기도' 하면 대한민국을 빼놓을 수 없다. 새벽기도로 세워진 나라가 바로 우리나라다. 무엇보다 성경을 보면 새벽에 하나님은 놀라운 역사를 일으키실 때가 많았다.

아브라함이 하나님의 명령에 순종하여 아들 이삭을 번제로 바치고자 모리아산을 향한 때도 새벽이었다. 그리고 아브라함이 이삭을 번제로 드리려는 순간, 하나님은 예비해 두신 숫양을 보여 주시며 그 양으로 번제를 드리게 하셨다창 22:13.

홍해가 갈라진 역사적인 순간도 마찬가지였다출 14:21-31. 모세를 통해 바다를 가르시고 그 가운데로 이스라엘 백성이 지나가게 하시던 순간 역시 새벽이었다. 그뿐만 아니라 출애굽한 이스라엘 백성이 하늘 양식인 만나를 거두게 하신 때도 새벽이었다출 16:13-20.

여리고성을 돌던 시간도 새벽이었다. 여호수아와 이스라엘 백성은 하나님의 명령에 따라 새벽에 여리고성을 한 바퀴씩 돌았고 7일째 되는 날에는 일곱 바퀴를 돌았다. 그렇게 새벽에 난공불락의 여리고성이 무너져 내렸다수 6:12-21.

아울러 부활의 첫 증인인 막달라 마리아가 부활하신 예수님을 만난 때도 새벽이었다. 안식 후 첫날 새벽 향품을 가지고 예수님의 무덤을 보러 갔을 때 예수님을 뵐 수 있었고 부활의 첫 증인으로서 사명도 받게 되었다마 28:1-10. 그 밖에도 시편에는 새벽에 기도와 찬양을 올려드리는 장면이 많이 등장한다.

"여호와여 아침에 주께서 나의 소리를 들으시리니
아침에 내가 주께 기도하고 바라리이다"

_____ 시편 5:3

"여호와여 오직 내가 주께 부르짖었사오니
아침에 나의 기도가 주의 앞에 이르리이다"

_____ 시편 88:13

이처럼 새벽 시간은 숫양과 만나처럼 하나님이 예비하신 은혜를 맛보는 순간이자, 홍해와 여리고성같은 인생 일대의 장애물이 사라지는 순간이다. 또한 부활의 주님이 나타나셨던 것처럼 살아 계신 하나님의 영광을 체험하고 사명을 받는 순간이다. 곧 새벽기도의 자리는 기적이 일어나는 순간이자 하나님의 도우심을 더 강력하게 체험할 수 있는 자리다.

안타깝게도 현대인에게 있어 새벽이 줄어들고 있다. 늦게 잠들게 만드는 요소가 너무나 많기 때문이다. 특히 TV를 켜면 잠 못 들게 하는 콘텐츠들이 숱하게 쏟아져 나온다. 거기에 스마트폰이나 PC를 통해서도 접할 수 있는 것이 너무나 많다.

그만큼 새벽이 하나님과 특별한 만남을 가질 수 있는 시간임에도 성도들이 점점 새벽예배를 외면하기 시작했다. 미디어 콘텐츠가 풍성하고 다채롭지 않았던 과거와는 다른 상황에 놓였다. 그런 상황에서 월삭새벽기도는 새벽기도를 훈련하고 습관화하는 데 중요한 계기가 되었다. 물론 강제화하진 않았다. 강제하지 않아도 새

하나님이 하십니다

벽에 하나님과 만나는 기쁨을 한번 맛본 성도라면 이 맛을 끊지 못할 테니까.

가끔 나는 7천 명이 새벽을 깨우며 새벽기도를 하는 거룩한 상상을 한다. 이 지역의 7천 명이 하나님의 시간인 새벽에 기도회를 나오면 알아서 교통경찰이 출동할 것이고, 차들이 줄을 지어 교회로 들어오는 진풍경이 벌어질 것이다. 그리고 이 7천 명이 새벽기도를 드린 후 아침부터 활동하기 시작하면 아침에 장사를 안 하던 식당, 문구점, 카페도 일찍 영업을 시작하게 될 것이다. 그러기 위해서는 당연히 밤에 일찍 문을 닫아야 한다. 자연스럽게 지역 문화가 밤 문화에서 새벽 문화로 바뀌게 된다. 그런 즐거운 상상을 하면 미소가 절로 지어진다.

하나님은 우리에게 사랑을 부어 주셨다.
우리는 그 사랑을 풍성하게 누렸다.

넘치는 은혜를 허락하신 하나님은
이제 우리를 내보내신다.
세상에 나가
너희가 받은 그 사랑과 은혜를 전하라고 하신다.
내가 너희를 내 사람으로 세웠듯이
너희도 나아가
세상 사람들을 내 사람으로 세우라고 하신다.

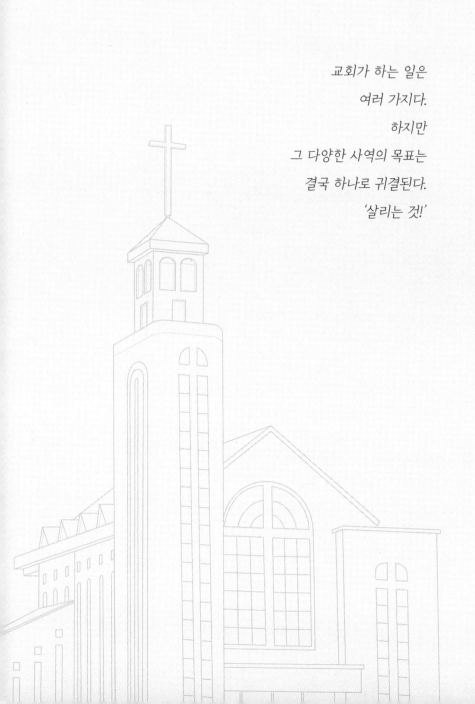

교회가 하는 일은
여러 가지다.
하지만
그 다양한 사역의 목표는
결국 하나로 귀결된다.
'살리는 것!'

하나님은
한때 다음 세대였던 내가
새로운 다음 세대를 품고 이끌 수 있도록
특별한 선물을 주셨다.
'연약함 그리고 부족함.'

이것은
다음 세대를 위로하고 격려할 수 있는
최고의 영적 스펙이었다.
다음 세대에게 더 가까이 다가갈 수 있는
가장 좋은 기회이자 도구였다.

CHAPTER

05

나도
한때는
다음 세대였다

나도 한때는
다음 세대였다

성령과 아이들의 만남을 주선하다

사람들은 추억을 먹고 산다.

특히 어린 시절에 경험했던 신앙의 추억들은

성인이 된 이후에 특별한 영적 에너지로 다가온다.

나도
성령 받고 싶다

'무탈無頉'

나의 학창 시절을 함축한 말이다. 나는 별 탈이 없이 청소년기를 보냈다. 그야말로 삐뚤어진 적도 없고 임팩트 있을 법한 사건

하나님이 하십니다

도 없는 무난하고 평범한 시절이었다. 사건·사고 없이 청소년기를 보내고 나니 어느 순간 신학생이 되어있었다. 하나님이 좋아 교회에 머물다 보니 자연스럽게 목회자의 길을 가게 된 것이다. 그뿐만 아니라 어느새 나는 중고등부 사역을 하고 있었다. 얼마 전까지 청소년이었던 내가 청소년을 이끄는 역할을 하게 된 것이다.

문제는 '청소년'에서 '청소년을 양육하는 사람'으로 포지션은 완전히 바뀌었지만, 정작 내 상태는 크게 변한 게 없다는 사실이었다. 무엇보다 나는 아직 성령을 받지 못한 상황이었다.

물론 못 받을 수 있다. 아직 스무 살이니까. 그러나 같은 스무 살이라도 신학생이라면 이야기가 달라진다. 특별히 순복음에서 사역하는 신학생이 성령 받지 못했다는 것은 콤플렉스로 작용하기도 했다.

'나름 하나님을 열심히 믿는다고 생각했고 하나님을 의심한 적도 없는데 왜 나는 성령을 받지 못할까⋯⋯.'

답답했다. 거기에 신학생이자 전도사로서 성령을 못 받은 것에 대한 민망함 덕에 답답함은 배가 되었다. 궁금하기도 했다. 성령 받는다는 것은 대체 어떤 걸까? 어떤 기분일까? 정말로 사람이 확 달라질까? 궁금할수록 내 속은 타들어 갔다.

그런 나에게 하나님은 기회를 열어 주셨다. 성령을 간절히 사모

할 수밖에 없는 기회! 바로 중고등부 연합수련회였다. 처음에는 중고등부 담당 사역자가 되어 아이들을 이끌고 연합수련회에 온다는 게 새롭기도 하고 설레기도 했다. 하지만 설렘은 잠시, 수련회 첫날부터 한숨만 나왔다. 솔직히 총체적 난국이었다. 다른 교회 아이들이 문제가 아니라 우리 교회 아이들이 문제였다. 예배에 집중 못 하는 아이들이 부지기수고 설교 내내 조는 아이들도 수두룩했다. 졸기만 하면 다행인데 이건 조는 게 아니라 자는 것이나 다름없었다.

예배에 집중하는 다른 교회 아이들과 확연히 비교되었다. '우리 교회 아이들만' 총체적 난국이라는 사실이 담당 사역자로서 무안하다 못해 허탈했다.

거기에 담당 사역자는 성령을 받지 못한 상태이다 보니 어쩌면 잘 어울리는 세트인지도 모르겠다. 성령 받지 못한 리더에 성령 받지 못한 아이들……. 그것이 수련회 속에서 드러난 우리 교회 청소년부의 단상이었다.

수련회가 끝나기만을 기다릴 수도 없고 뭐라도 해야 했다. 하지만 뭐라고 한다고 해서 고쳐질 문제가 아니었다. "얘들아, 우리 예배에 집중하자"라고 말한다고 해서 아이들이 집중할까? 집중할 것이라고 예상한다면 그건 대한민국 청소년을 잘 몰라서 하는 말이다. 그 말을 들을 정도였다면 애초에 예배를 열심히 드렸을 것이다. 내가 지금 뭘 해 본다고 해서 달라질 건 없을 것 같았다.

내가 할 수 있는 것은 아무것도 없으니 이제 하나님께 손을 써 달라고 하는 수밖에 없었다. 하나님이 알아서 아이들을 바로 잡아달라고 말이다. 그런데 이건 뭘 의미할까? 하나님께 온전히 맡기는 건 결국 성령께서 아이들 마음에 찾아와 아이들을 변화시켜 달라는 것과도 같았다. 곧 아이들이 성령충만하게 해 달라는 것, 그것 외에는 간구할 수 있는 게 없었다.

그때부터 간절히, 정말로 간절히 기도했다. 답이 없어 보이는 아이들이지만 성령께서 임하시면 답이 보일 거란 확신을 가지고 간구했다. 내가 이렇게 간절히 기도해 본 적이 있었나 싶은 정도로 열심히 기도했다.

"하나님, 이번 수련회에서 아이들이 꼭 성령 받게 해 주세요."

생각해 보니 아이들이 성령 받게 해달라고 기도한 것은 처음이었다. 청소년부 사역을 하면서 이런저런 기도를 많이 했다지만 이 기도는 해 본 적이 없었다. 아이들을 아끼고 사랑한다고 하면서도 가장 필요한 것이 무엇인지를 모르고 있었다. 그러나 연합수련회의 현장을 적나라하게 마주하면서 현실을 직시하게 된 셈이다.

'아! 성령님이 손 써주지 않으면 큰일 나겠구나. 그것 외에는 해

결 방안이 없구나.'

기도가 얼마나 간절했는지 애가 타기 시작했다. 정말로 간절하면 마음이 타들어 갈 정도가 된다는 것도 그때 처음 깨달았다.

어렵게 받았기에 더 소중하다

기도하는데도 아이들에게는 아직 특별한 변화가 일어나는 것 같지 않았다. 그러나 포기할 수 없었다. 이번 수련회 때 반드시 성령을 받겠다고 다짐하며 믿음의 배수진을 치고 더 간절히 기도했다.

그런데 아이들이 아닌 내가 성령을 받았다. 그 자리에 있는데 눈에서는 눈물이 흘러나오고 입에서는 방언이 터져 나왔다. 마음으로 '하나님, 감사합니다. 하나님, 감사합니다'를 연속으로 외쳤다.

하나님이 나를 사랑하신다는 사실이 '드디어' 믿어졌다. 분명 이전에도 하나님을 잘 믿어왔고 하나님이 나를 사랑하신다는 것을 잘 안다고 생각했는데, 그건 제대로 안 게 아니었다. 그저 이론적으로 알고 있는 것에 불과했다. 하나님의 사랑을 마음 깊이 제대로 느낀 것이 그때가 처음이었다.

사랑을 확인했을 때 느낌은 생각했던 것 이상으로 강력했다. 하나님의 사랑을 제대로 깨달으면 그 사실을 깨달은 것만으로도 가습이 벅차오른다는 걸 알 수 있었다. 이전까지는 '하나님이 나를 사랑하신다'라는 사실이 매 순간 나를 감동하게 하지는 못했다. 뭔가 그럴듯한 일들이 펼쳐지고 원하던 것이 주어져야 '하나님, 감사합니다'라고 고백할 뿐이었다. 그런데 성령 체험을 하자 모든 상황이 감사로 다가왔다. 뭔가 특별한 것이 없어도 하나님이 나를 사랑하신다는 그 사실 하나 때문에 감사했다.

그렇게 길고 긴 기다림 끝에 어렵게 성령을 받고 나니 성령 체험이 더욱 소중하게 느껴졌다. 쉽게 성령을 받으면 그만큼 귀하게 여기지 않는 경우가 많다. 쉽게 여긴 만큼 쉽게 소멸하는 경우도 있다. 그래서 늦깎이로 성령을 받게 되었다는 사실이 오히려 감사하게 느껴졌다. 나아가 수련회의 난감한 상황들을 통해 간절함의 자리로 이끄신 것에 감사했다. 그저 모든 것이 감사했다.

하지만 그것이 끝이 아니었다. 성령을 늦게 주신 것에는 하나님이 예비하신 또 다른 이유가 있었다. 아직 성령을 받지 못한 사람에게 하나의 희망이 되어 준 것이다.

특히 부흥회나 수련회를 통해 성령 받고 싶어 간절히 기도하는 친구들이 있다. 그러나 성령충만과 방언의 은사를 받지 못한 친구들은 하나님 앞에 상당히 섭섭할 수 있다. 그런 상황에서 나의 이야기는 그들에게 큰 위로가 되었다.

'목사 아들인데다가 신학생이고 심지어 청소년부 사역을 하는 내가 늦깎이로 성령을 받았다'라고 하자 아직 성령을 받지 못한 이들도 내심 안도했다. 누군가의 모자람과 연약함이 그 자체만으로도 다른 누군가에게 위로가 될 수 있는 것처럼, 나의 늦깎이 성령 체험담이 청소년들에게는 그 자체만으로도 위로가 될 수 있었다.

"난 스무 살 되어서 받았는데 너희는 아직 십 대잖니……."

성령을 못 받은 청소년들 입장에서는 꽤 괜찮은 위안거리가 되지 않겠는가.

그 자체로 위로가 되는
나만의 스펙

성령을 늦게 받았다는 사실 외에도 나는 남을 위로할만한 특별한 스펙을 많이 가지고 있었다. 그중 하나가 '자동차 면허 시험 열세 번 탈락'이다.

대한민국 아니 전 세계를 다 뒤져도 이런 스펙을 가진 사람은 찾기 드물 것이다. 열세 번이나 낙방하기 위해서는 여러 요소가 수반되어야 한다. 정석대로 공부하지 않는 어리석음도 있어야 하고 준비물을 빼먹거나 시간을 혼동하는 어리숙함과 허술함도 있어야 한다. 그 정도는 두루두루 갖춰야 이러한 독특한 스펙을 가질 수 있다.

칠전팔기도 아닌 '십삼전 십사기'의 역사가 시작된 것은 일단 근거 없는 친구 녀석의 말을 믿었던 데서 비롯된다. 고등학교 시절부터 아버지 차를 몰던 한 친구 녀석이 나에게 명언을 투척했다.

"운전면허 따는 거? 별거 없어. 쉬워. 학원 같은 곳은 안 다녀도 돼."

그 말을 곧이곧대로 믿었다. 고등학교 때부터 운전할 정도의 운전 천재가 하는 말이 아닌가? 새겨듣고 또 새겨들었다. 그 결과 계속 떨어졌다. 친구 덕분에 아주 스릴 있는 경험을 한 셈이다.

그게 다가 아니었다. 그 이후로도 슬리퍼를 신고 시험장에 가질 않나, 신분증을 놓고 가질 않나, 시간을 잘못 알고 가지 않나……. 정말 말도 안 되는 상황 덕에 여러 번 더 떨어졌다.

나도 나름대로 상식이 있고 생각이 있는 사람인데, 유독 운전면허시험 때만큼은 아무 생각이 없었다. 한두 번 정도야 실수할 수 있다지만 열세 번이나 떨어질 정도로 낙방이 반복된다는 것은 지어내는 이야기가 아니고서야 불가능하지 않을까? 그런데 그 불가능한 일이 내 인생에서 존재했다.

이후, 군대를 전역하고 나서야 운전면허학원에 등록하여 운전을 본격적으로 배우게 되었고 곧바로 면허증을 딸 수 있었다. 그러면서 들었던 생각이 '이 세상에서 가장 어려운 일이 운전면허 따는 일이구나'였다.

나는 그런 흑역사를 자랑스러운 스펙으로 생각한다. 그러한 모자라 보이고 허술해 보이는 과거가 사람들을 위로하고 격려하는 자산이 되었기 때문이다. 웬만한 실패자도 운전면허시험을 열세 번이나 떨어졌다는 내 이야기를 듣는 순간 할 말을 잃는다. 자기보다 더 안 된 사람이 자기 앞에 있다는 생각에 큰 위로를 받는다. 그것도 다른 사람도 아닌 목사에게 그런 과거가 있었다는 사실에 은혜를 받는다. 특히 도전의 도전을 반복해야 할 다음 세대에게는 이 스펙이 상당한 위안이 된다.

하지만 거기서 끝이 아니다. 위로와 함께 희망도 덤으로 얻는다. 비록 열세 번의 실패가 있었지만, 면허취득 이후로는 무사고의 운전 경력을 지속하고 있다. 그 사실에 사람들은 또 다른 희망을 품는다. 잦은 실패와 늦은 출발이 오히려 더 나은 미래를 가져올 수 있다는 걸 내 인생을 통해 확인하는 것이다.

아이들이
변해버렸다

하나님은 청소년부 아이들 한 사람 한 사람을 극진히 사랑하셨다. 그 사랑 덕에 졸고 집중 못 하고 산만하기로 으뜸이었던 순복음축복교회 청소년부가 어느새 가장 열정 넘치는 청소년부로 변해가고 있었다.

담임목사가 되고 나서 담당 전도사에게 전해 듣거나 연합수련회를 가보면 항상 '오버' 하는 친구들이 우리 교회 친구들이었다. '오버스럽다'라는 것이 그렇게 아름다운 모습일 수 있다는 걸 그때 처음 알았다. 그들은 예배에 대한 열정을 지나칠 만큼 과하게 뿜어내고 있었다. 그리고 그 과함은 상당히 사랑스럽고 아름답게 비쳤다.

열정이 얼마나 충만했던지 밥이 늘 우선일 법한 청소년들이 밥까지도 포기하고 있었다. 물어보니, 밥 안 먹고 줄을 서야 앞자리를 확보할 수 있기 때문이란다. 줄을 늦게 서면 예배에 참석 못 하는 것도 아닌데 앞자리를 확보하겠다는 일념으로 그렇게 밥을 예배에 양보한 것이다. 아이들을 보며 많은 생각이 들었다.

'저 나이에는 먹는 게 최고인 때일 텐데…… 예배에 참석해 주는 것만으로도 기특하게 바라봐줄 수 있을 것 같은데……. 아이들이라지만 정말 대단하다.'

'오버'는 거기서 끝나지 않았다. 앞장서야 할 일이 있으면 우리 교회 아이들이 늘 앞장섰다. 그들에게 수련회는 '귀찮은 행사'나 '참석하는 데 의의를 두는 행사가 아니었다. 하나님이 부어 주신 사랑의 힘으로 열심히 헌신하는 자리가 바로 수련회의 자리였다.

그리고 그들은 오버할수록, 즉 열정을 쏟을수록 힘이 더 남아돈다는 것을 체험했다. 힘을 쓰는 만큼 더 힘이 솟아나는 그들의 모습을 보며 나는 확신했다.

'이 모든 것이 성령께서 이루시는 일이구나.'

인간의 힘은 쓰면 쓸수록 소진되지만, 성령의 힘은 쓰면 쓸수록 더 넘쳐난다. 그만큼 하나님이 더 부어 주시기 때문이다. 그걸 아이들을 보며 분명하게 깨달을 수 있었다.

그렇게 졸고 산만하던 우리 교회 청소년부가 이제는 가장 뜨겁게 타오르는 불꽃 용사들의 집합체가 된 것 같아 감사했다. 하나님께 감사하는 것은 물론 청소년부 아이들과 사역자들에게도 감사했다.

신앙의 추억을 심어 주자

우리는 다음 세대에 좋은 추억을 남겨 주어야 한다. 곧 신앙의 추억을 간직할 수 있게 해 주어야 한다. 특히 오늘날에는 갖가지 자극적인 세상 문화들이 아이들을 유혹하고 있고 아이들은 그 가운데서 그릇된 추억거리들을 쌓아가느라 여념이 없다. 심각한 일이 아닐 수 없다.

반면, 교회에서는 재미난 것도, 추억거리가 될 만한 것도 없다고 말한다. 이러한 시기일수록 교회가 분발해야 한다. 교회가 먼저 신앙의 추억거리를 쌓게 해 줌으로써 하나님의 사람들과 함께하는 순간들을 소중한 기억으로 남길 수 있게 해야 한다.

교회라면 충분히 할 수 있다. 과거에 교회가 청소년들에게 행복한 추억을 선사하는 최고의 장소였던 것처럼 자극적인 문화가 범람하는 상황에서도 교회는 교회만의 차별화된 행복을 기억으로 남게 할 수 있다.

무엇보다 그 행복은 하나님이 주시는 행복이기 때문에 더 강력할 수밖에 없다. 우리 어른 세대와 교회의 리더들이 그 자리만 마련해 준다면 아이들은 하나님 안에서 하나님의 사람들과 특별한 기억을 만들어 나갈 수 있다. 추억이 중요한 이유는 추억이 소중할수록 그 추억을 재현하고 싶은 마음이 커지기 때문이다. 나에게는 연합수련회에 대한 특별한 추억이 있다.

중학생 시절, 경기 남지방회 연합수련회에 참석한 적이 있었다. 독특하게도 당시 수련회 장소가 초등학교 폐교였다. 그런데 학교 운동장에서 예배를 드리는 중에 비가 쏟아졌다. 행사 중에 내리는 비는 불청객이 아닐 수 없다. 수련회를 진행하던 사역자들도 난처해하고 아이들도 처음에는 짜증을 내기 시작했다.

그러나 짜증이 증폭되기도 전에 어느 순간부터 아이들은 내리는 비 안에서 자유함을 느끼기 시작했다. 처음에는 어떻게든 비를 안 맞아볼까 하고 몸을 사렸지만 다 젖은 후로는 아예 포기하게 된 것이다. 그리고 그때부터는 비를 마음껏 맞으며 마음껏 예배를 즐기게 되었다.

돌아보면 그 비는 하나님의 선물이었다. 수련회를 더 뜨겁게 만드시려고 하나님이 기획하신 특수효과였다. 싸이의 흠뻑쇼가 논란이 된 적이 있다. 언론과 여론은 부정적이었다. 가뭄에 300톤 물을 뿌리는 콘서트. 그렇지만 현장에서의 반응은 상반되었다. 조기 매진은 물론 폭발적인 반응이 뒤따랐다. 놀랍게도 싸이의 흠뻑쇼보다 약 25년이나 앞선 그날의 수련회는 하나님이 내려 주신 비 안에서 펼쳐진 그 어떤 콘서트나 쇼보다 뜨거운 은혜의 현장이었다. 당연히 어떠한 논란의 여지도 없었다. 어찌 보면 신기한 일이기도 했다. 비가 내리는데 분위기는 더 뜨거워지는 현상. 이 역시 하나님의 기획은 대단했다. 그 비라는 자연현상으로도 하나님은 수련회를 더 은혜로운 순간으로 만들어가셨다.

그리고 그때 그 자리에 있었던 아이들은 그날의 기억을 행복한 추억으로 마음에 새겼다. 아마 그 연합수련회를 기억하고 추억하는 사람은 나 한 사람이 아닐 것이다.

그런 특별하고도 행복한 추억이 있기에 나는 연합수련회에 대해 남다른 마음을 가지고 있다. 그래서 목사님들과 연합하여 동계수련회를 추진한 적도 있다. 신앙의 추억이 불러일으킨 결과다.

무엇보다 연합수련회에서 변화된 아이들을 볼 때마다 하나님께서 연합수련회를 통해 놀라운 일을 이루심을 깨닫게 되고는 한다. 교회 차원에서 진행하는 수련회도 의미가 있지만, 하나님은 새로운 사람들과 함께하는 특별한 분위기를 '영적 쇄신을 불러올 기회'로 사용하시는 것이다. 아니나 다를까 나부터도 연합수련회를 통해 성령을 받았고 우리 교회 아이들도 연합수련회를 통해 변화되어갔다.

그런 의미에서 앞으로 교단 차원에서의 연합수련회가 활성화되었으면 하는 바람도 가져본다. 사실 우리 교단의 경우 교단 수련회가 잘 열리지 않는다. 그 부분이 해결된다면 아이들의 신앙 성장에 중요한 계기를 마련할 수 있을 거라는 기대를 해 본다.

무엇보다 오늘날 청소년들은 군중 속에서 자유롭게 소리 지르며 신나는 분위기에 압도되는 것을 즐긴다. 그만큼 교회가 더 적극적으로 나서야 한다. 콘서트와 같은 세상 문화가 아이들을 데려가기 전에 교회가 선수 쳐야 한다. 그리고 그 안에 하나님이 허락하시는 귀한 영적 추억을 쌓게 해야 한다.

분명 그 추억은 나중에 청년이 되고 장년이 되고 노년이 되었을 때, '인생에서 재현하고 싶은 특별한 순간'으로 다가올 것이다. 또한 하나님과 함께하는 시간이 얼마나 소중한지를 되새기는 기회가 될 것이다.

Blessing Seven thousand Academy

아무리 철저하게 준비해도
하나님이 허락지 않으시면 일을 이룰 수 없고,
아무런 준비가 되어 있지 않아도
하나님이 허락하시면 일사천리로 진행된다.

왜 학교에만 가면
다들 이상해질까

하나님은 나에게 한 가지 의문을 품게 하셨다.

'왜 학교에만 가면 다들 이상해질까?'

표면적으로 드러내지 않았을 뿐 누구나 한 번쯤은 가져보았을 궁금증일지도 모른다. 천사 같은 아이들도 학교에 들어가고 12년 간 공교육을 받다 보면 바뀌기 시작한다. 긍정적으로 바뀌면 참 좋겠지만 그게 아니라서 문제다. 단순히 사춘기를 겪어서가 아니라 그릇된 문화에 노출되어 가면서 다른 사람이 되어버린다.

사실 과거에는 학교가 학교다웠다. 학교는 말 그대로 가르침이 있는 교육의 산실이자 사람을 사람 되게 하는 공간이었다. 하지만 시대가 변하고 학교가 성공을 위한 도구로 전락하면서 아이들도 변하기 시작했다. 학교 안에서 세속적이고 저급한 문화를 공유하게 되는 것은 물론, 행동과 언어의 폭력에 길들게 된 것이다. 나름대로 열심히 공부한다는 모범생들조차 치열한 입시 경쟁 속에서 이기심과 성공주의에 물든다. 청소년 자살률이 꾸준히 늘고 있는 것만 보아도 학교가 얼마나 심각한 위기에 처했는지를 짐작하게 한다. 특히 공교육에서는 비기독교적, 비성경적 가치관이 전수될 수밖에 없다. 현재의 공교육은 하나님의 창조를 부정하고 하나님이 세상을 주관하신다는 사실을 인정하지 않는다. 인본주의가 핵심 가치로 뿌리내리고 있기도 하다. 이에 따라 아이들은 자연히 '하나님과 거리가 먼 교육' 속에 머물게 된다.

이러한 문제는 일시적인 현상이 아니다. 더 악화하면 악화했지, 호전될 것 같지는 같다. 심지어 이제는 초등학교 때부터 남을 짓밟으려는 경쟁 체제가 형성되고 있으며, 미디어를 중심으로 한 저속한 문화들이 이전보다 더 범람하여 아이들의 눈과 귀를 탁하게 만들고 있다.

사실 우리 아이들만 해도 학교에 다니면서 달라졌다. 하나님의 자녀로 변화되는 것이 아니라 변질되고 있었다. 학교만 가면 이상해진다는 원리가 우리 아이들에게도 그대로 적용되고 있었던 셈이다.

학교가 사람을 바르게 세우는 곳이 되기는커녕 사람을 망가뜨

리는 공간이 되고 있다는 생각이 오랜 시간 마음에 머물면서 하나
님은 새로운 비전을 품게 하셨다.

'대안학교!'

학교에 대안이 없다면 또 다른 대안을 마련해야 했다. 단, 그 대
안은 인간의 머리에서 나온 대안이 아닌 하나님께서 열어 주신 대
안이어야 했다.

학교를 세우는 준비도
하나님이 하신다

나는 목회자로 부름을 받았다. 엄밀히 말하면 하나님이
맡겨주신 교회를 이끌어나가는 사람이지 학교를 세우고 운영하는
사람이 아니다. 그래서 이전에는 '학교에만 가면 사람이 달라지는'
기이한 현상을 마주하면서도 크게 관여하지 않았다. 답답하고 안
타깝긴 하지만 목사인 내가 어떻게 뭘 하겠는가. 그저 교회 안의
다음 세대들만 잘 이끌면 되려니 생각했다. 하지만 하나님은 내
생각을 점차 바꾸어 놓으셨다.

'아무리 깨끗한 물을 통에 담았다고 해도 유해한 액체 한 방울
이 그 안에 떨어지면 그 통의 물은 한순간에 오염되고야 만다. 교
회가 다음 세대를 위해 아무리 많이 노력한다고 해도 학교에서 물
들고 무너져 버리면 답이 나오지 않는다.'

하나님이 하십니다

결국 '교회에서 교회학교를 잘 이끌어나가는 것'만으로는 한계가 있음을 깨달았다. 그 과정에서 하나님은 자연스럽게 대안학교를 세울 수 있도록 인도하셨다. 특히 하나님은 울산온양순복음교회 안호성 목사님을 강사로 모시고 진행했던 부흥회를 통해 대안학교에 대한 비전을 더욱 확고히 품을 수 있게 하셨다.

그러나 대안학교 설립은 쉽게 생각할 수 있는 일이 아니었다. 2000년대 이전, 여러 교회에서 선교원을 운영하던 것과는 또 다른 차원의 문제였다.

무엇보다 비전은 세웠지만 정작 준비된 것은 하나도 없었다. 이전부터 대안학교를 세우기 위해 이리저리 알아보고 학교 설립을 위한 준비를 한 적이 없었으니 더 막막했다. 준비된 것이라고는 대안학교에 대한 마음, 그 하나뿐이었다. 마치 여행을 가기로 마음은 정했는데 여행 비용이나 계획은 전무한 상황이나 다름없었다.

인간이 아무리 철저하게 준비해도 하나님이 허락하지 않으시면 일을 이룰 수 없고, 아무런 준비가 되어있지 않아도 하나님이 허락하시면 일사천리로 진행된다.

대안학교 설립을 위해 사실상 아무런 준비가 되지 않은 상태였지만 하나님은 예정대로 우리를 끌고 가셨다. 그리고 우리는 그 인도하심을 따랐다. 말 그대로 '그냥' 시작했다. 심지어 사람도 없었다. 그런데도 걱정되지는 않았다.

늘 그랬듯 하나님이 전적으로 이끄실 땐 그냥 따라가기만 하면 된다. 내가 구상한 것이라면 고민도 하고 머리도 쥐어짜야겠지만, 하나님이 기획하신 일이라면 인도하시고 시키시는 것만 하면 되니까. 그래서 인도하심대로 교회 탐방을 하면서 하나님의 방법대로 하나씩 절차를 밟아나갔다.

하나님께
내 삶을 드리기

세상에선 어떤 사업을 시작할 때 수요를 먼저 따져본다. 교육 사업도 마찬가지다. 그러나 갑삭스레 시작된 대안학교는 수요도 따지지 않고 시작된 일이었다.

'그래도 담임목사 자녀는 이 학교에 다니겠지?'라고 생각할 수 있겠지만 그조차 장담할 수 있는 일은 아니었다. 아이들이 다니기 싫다면 어쩔 도리가 없다. 강제로 할 수 있는 일이 아니었다.

내 입장에서야 아이들이 대안학교의 첫 스타트를 끊어 주길 간절히 바라지만 아이들에게도 선택할 권리와 자유가 주어져야 했다.

무엇보다 입시 문제와도 연결되기 때문에 단순하게 생각할 일이 아니었다. 대안학교에 오는 아이들도 대부분은 대학 진학에 뜻을

하나님이 하십니다

둘 텐데, 대안학교는 주로 정시로만 대학에 갈 수 있고 수시지원이 거의 불가능하기 때문이다.

민감한 문제를 두고 자녀들에게 직접 물어보았다. 솔직히 조마조마했다.

'세 아이라도 입학해야 무사히 개교할 텐데……'

'우리 아이들마저 거부하면 학교는 있는데 학생은 없는 꼴이 될 텐데……'

최소 인원을 확보하는 차원을 넘어, 우리 아이들에게 대안학교 교육이 꼭 필요하다고 생각했다.

다행히 세 아이 중 두 아들은 흔쾌히 대안학교에 다니겠다고 했다. 역시 남자아이들은 단순하다. 하지만 중학교에 올라가는 딸은 고민하기 시작했다. 솔직히 예상 못 한 일도 아니었다. 딸이라면 조금 더 심각하게 고민할 것 같았다. 딸에게 충분히 고민할 시간을 주었다. 어떤 결정을 내리든 존중하겠다는 말도 덧붙였다.

얼마 지나지 않아 딸로부터 응답이 왔다. '대안학교 다닐게.' 내지는 '그냥 지금 다니던 학교 다닐게.' 둘 중 하나의 단답형 대답이 올 거라는 내 예상과 달리 딸은 장문의 특별한 메시지를 보내왔다.

"엄마, 솔직히 대안학교를 만든다고 할 때 약간 겁이 났어요. 친구들을 학교에서 못 본다는 게……. 그런데 하나님께 제가 쓰임 받고 싶어요. 처음에는 입으로 좋다고 했지만 두려웠는데 이제는 제가 확신했어요. 대안학교 다니고 싶어요."

이럴 수가……. 다니겠다고 말해 주는 것만으로도 고마울 텐데 예상치도 못한 고백을 하다니. 감동의 메시지를 받은 후 나는 속으로 외쳤다.

'오케이! 이제 오픈하자.'

딸의 그 문자는 대안학교 오픈을 앞두고 내 안에 남아 있던 우려를 없애 주었다. 하나님이 딸의 문자를 통해 대안학교에 대한 비전을 더 공고히 하게 만드신 것이다. 그리고 드디어 2022년 2월 16일, BSABlessing Seven thousand Academy는 비영리 법인으로 등록하게 되었으며 본격적인 학교로서의 시작을 알리게 되었다.

각오 없이는
못 들어온다

BSA에 입학하려면 각오가 필요하다. 여기서 말하는 각오란 하나님에 대한 신뢰에 기반한다. 곧 세상의 기준에서 성공을 기대하지 않겠다고 각오해야 한다. 사실 세상에서 추구하는 성공을 지향한다면 애초에 대안학교를 생각하면 안 될 것이다. 최소한 이곳은 인간적인 성공을 목적으로 하지 않기 때문이다.

중요한 건 대안학교에 다닌다고 해서 세상에서 말하는 성공과 멀어지는 것은 아니라는 사실이다. 성공을 목적으로 삼지는 않지만, 하나님의 뜻에 따라서는 성공이 결과로 뒤따라올 수도 있다. 대학에 못 가는 경우도 있겠지만, 반대로 명문대에 들어갈 수도 있다. 낮은 곳에서 이름도 없이 빛도 없이 하나님의 일을 하게 하실 수도 있지만, 때에 따라서는 부와 명예를 허락하시고 그 도구를 통해 일하게 하실 수도 있는 것이다.

이처럼 하나님이 어떻게 쓰실지는 아무도 모르기 때문에 세상에서 어떤 포지션을 갖게 될지는 장담할 수 없다. 하지만 하나님께 쓰임 받는 일꾼으로 세워지도록 교육한다는 것만은 분명하다.

그러므로 하나님의 사람으로 세워지겠다는 각오, 곧 하나님이 내 인생을 책임지신다는 신뢰가 수반되어야만 한다. 행여 대학에 못 가도 하나님께 붙들리면 하나님이 내 인생을 책임져주시고 놀라운 도구로 사용하신다는 그 믿음이 필요한 것이다. 그만큼 대안학교에 들어가겠다고 하는 것은 자신의 미래를 하나님께 맡기는 것이기도 하다.

그런 가운데 우리 자녀 외에, 다른 한 아이가 대안학교에 입학했다. 이전부터 대안학교를 두고 기도하셨던 집사님의 자녀다. 심지어 집사님은 1년 전부터 교회에 대안학교가 생기기를 남몰래 기도하셨다고 했다. 놀랍게도 내가 대안학교의 비전을 선포하자 무척이나 기뻐 자기 자녀를 가장 먼저 입학시키겠다고 한 것이다. 아직 만들어가는 과정이라 시행착오가 있을지 모른다고 이야기했지만, 집사님은 그 과정마저도 함께하고 싶다고 고백했다. 더 나아가 집사님은 자녀를 맡기는 것은 물론 본인 역시 한자 선생님으로 BSA와 함께할 수 있게 되었다. 그렇게 네 명의 입학생과 함께 BSA가 출발했다.

한편, 자녀들이 입학하는 과정에서 오해받은 일도 있다. 입학금 200만 원에 학비가 매월 초등 50만 원, 중등 60만 원, 고등 70만 원으로 일반 학교에 비해 비용이 적지 않게 드는 대안학교인 만큼 목사 자녀들이 교회 돈으로 교육을 받는 게 아니냐는 오해가 생기기 시작했다. 충분히 오해할 수 있는 사항이기 때문에 그 부분에 대해서도 정확하게 이야기했다.

"낼 건 다 내고 있습니다."

물론 교회 정관에, '담임목사 가정은 모든 교육에 있어 정식으로 지원받을 수 있다'라고 되어있기는 하다. 그렇지만 우리는 따로 학비를 내고 있음을 밝혔다. 우리 자녀 셋과 다른 성도의 자녀 한 명, 총 네 명의 입학생을 중심으로 출발을 했는데 한 명만 지원을 못 받는다는 것은 덕이 되지 않기 때문이다.

하나님이 하십니다

BSA 교사도
하나님이 준비하셨다

하나님은 BSA의 교사를 세우는 일에도 철저하게 개입하셨다. 사실 그 어떤 준비보다 어려울 것으로 예상되었던 일이 교사를 세우는 일이었다. BSA의 교사는 교사임과 동시에 사역자여야 하기 때문이다. 곧 실력과 사명을 모두 갖춰야 한다. 심지어 세상에서 누리던 대우와 커리어를 버리고 다음 세대를 위해 온전히 헌신하겠다는 마음을 가져야 한다. 한마디로 아이들을 세우기 위해 삶을 드리겠다는 결단을 해야 한다. 그런 교사를 어떻게 구할 수 있을지 막막했다.

'아이들을 향한 비전을 위해 자신의 인생을 전부 드릴 선생님이 누가 있을까?'

'세상적인 조건을 포기한 채 이 일에 열정을 쏟을 사람을 어떻게 구할 수 있을까?'

일단 우리가 할 수 있는 것은 기도였다. 인간적인 생각으론 교사 모집부터 하는 게 우선이겠지만 우리는 교사 모집도 하나님께 맡겼다. 기도하는 가운데 신실했던 한 집사님이 생각났다. 왠지 부장 선생님으로 모시면 제격일 거라는 마음이 기도하는 가운데 떠나질 않았다. 하지만 그 어떤 내색도 하지 않았다.

당시 그 집사님은 공부방에서 아이들을 가르치고 있었고 꽤 높은 보수를 받고 있었다. 그런 집사님에게 그 모든 것을 내려놓으라고 말하기는 쉽지 않았다. 거기에 대안학교에 온다면 교재연구를 비롯해 많은 새로운 것은 준비해야 한다. 쉽지 않음을 알기에 우리는 그저 '하나님의 뜻이라면 같은 마음을 갖게 해 달라'고 기도할 뿐이었다. 그러던 어느 날 그 집사님이 기도를 받겠다며 우리를 찾아왔다.

"이전부터 하나님의 부르심을 느꼈지만, 삶 속에서 책임질 부분이 너무 많아 망설이기만 했습니다. 그런데 이제는 하나님의 부르심이 있다면 순종하고 싶습니다. 안수기도를 받을 수 있을까요?"

우리는 정말 아무 말도 하지 않았고 내색한 적도 없는데 먼저 헌신하겠다고 우리를 찾아온 것이다. 뭔진 몰라도 하나님께 순종하고 싶다는 집사님에게 우리는 그게 뭔지를 나중에야 알려드렸다.

"집사님, 저희는 이전부터 집사님을 대안학교 부장 선생님으로 생각하며 기도하고 있었어요."

집사님도 놀랐고 우리도 놀랐다. 그렇게 서로가 서로를 보며 놀라는 일이 펼쳐졌다. 하나님은 오로지 하나님의 방법대로 부장 선생님을 섭외해 주신 것이다.

초등학생들을 담임할 교사를 찾는 과정 또한 하나님께서 전적으로 주관하셨다. 대안학교를 준비하기 이전부터 성전에 나와 열

하나님이 하십니다

심히 기도하는 한 청년이 있었다. 처음에는 주의 종으로 헌신하려는 게 아닐까 하는 생각이 들었다. 그런데 몇 개월간 하나님의 인도하심에 따라 기도를 계속하더니, 우리에게 이런 말을 전했다.

"하나님께서 교회학교 어린이들에게 전 인생을 바치고 싶다는 마음을 갖게 하셨습니다. 그런데 잘 모르겠습니다. 교회학교 사역자가 되라는 것인지, 아니면 다른 형태로 헌신하라는 것인지……."

구체적인 것은 모르지만 일단 그 청년은 하나님께 순종하기로 했다고 고백했다. 그리고 순종하기로 결단한 그 청년이 안수기도를 받으러 나왔을 때 우리는 BSA의 초등 담임교사를 구하고 있다는 하나님의 계획을 전했다. 하나님의 구체적인 뜻을 알게 되자 청년은 놀라워했고 이후 신학 공부도 하고 BSA 교사로도 합류하게 되었다. 알고 보니 그 청년은 하나님이 예비하신 만능일꾼이었다. 수업을 진행하는 능력은 물론 피아노, 컴퓨터까지 초등교육을 커버하기에 필요한 모든 능력을 갖추고 있었다. 그 덕에 초기에 필요한 서류작업 및 행정적 기틀을 잡는 데도 귀하게 쓰임 받았다.

한편 하나님은 컴퓨터 교사, 미술 교사를 세우는 과정 가운데도 함께하셨다. 본래 BSA는 세상의 모든 도구를 선교의 도구로 활용하는 것을 중요한 목표로 삼는다. 축구공 하나만 있어도 친구를 사귀며 전도할 기회로 삼고, 악기 하나만 있어도 어디서든

연주를 통해 전도할 수 있게 하는 것을 꿈꾸는 것이다. 그렇게 컴퓨터든, 미술 도구든, 손에 들리기만 하면 하나님이 귀하게 쓰시는 도구가 될 수 있기를 소원하고 있었다. 그리고 이를 위해 다양한 전문가들을 양성하기 위한 전문 분야 선생님이 세워지길 기도하고 있었다. 그러던 중, 컴퓨터 교사를 놓고 기도하는데 하나님께서 한 선생님을 떠올리게 하셨고 비전을 나눌 기회를 마련해 주셨다. 놀랍게도 그 선생님은 컴퓨터 관련 자격증을 대부분 소유하고 있었고 컴퓨터 활용법을 가르치는 강사를 수년간 한 분이었다. 심지어 재미있게 수업하는 것으로 유명한 인기 컴퓨터 강사 출신이다. 그 선생님은 우리와 비전을 공유하며 컴퓨터를 배우게 하신 게 이때를 위함인 것 같다고 고백했다. 이후로 선생님은 '단계별로 어떤 자격증을 딸 수 있도록 지도해야 하는지' 전문적인 계획을 제시하는 것은 물론, 설립 과정에 필요한 서식과 영상을 만드는 일을 위해서도 헌신해 주었다. 특히 세상에서 누리던 대우를 기꺼이 포기하는 헌신으로 우리를 감동하게 했고, 하나님의 자녀를 비전의 사람으로 키워낸다는 사실에 오히려 가슴 벅차하는 모습을 보여 주었다.

미술 선생님을 세울 때도 하나님의 놀라운 계획이 뒤따랐다. 시각디자인 및 미술치료사를 공부한 한 선생님이 있는데 그분은 아이를 키우면서 경력이 단절되는 바람에 미술학원에서 근무하고 있었다. 미술학원에서 근무하는 동안 그분은 미술치료사의 전공을 살리지 못한 것을 못내 아쉬워했다. 그런 과정에서 BSA의 미술 선생님으로 초빙되었고 그동안 하나님이 왜 미술치료사와 미술학원 교사의 길을 가게 하셨는지 그 세심한 인도에 놀라워했다. 가령 미술 강의안을 작성할 때도 치료적 요소와 미술적 표현 방법을 잘 결합하여 훌륭한 강의안을 작성할 수 있었다. 그때 선생님은 치료의 과정을 미술로 표현하는 여러 가지 방법이 미술학원에서 개발된 능력임을 알게 되었다고 고백했다. 한때는 본래의 전공을 살리지 못한 채 미술학원에서 일하게 된 것에 대해 속상해했지만, 이제는 그 안에 담긴 하나님의 뜻을 깨닫게 된 것이다. 그 밖에도 시각디자인 전공에 따른 남다른 색감과 공간에 대한 이해 덕에 BSA 교실의 공간을 나누는 파티션 칼라를 선정할 때도 큰 역할을 할 수 있었다.

그 외에도 악기 합주 교육을 맡은 나, 성경공부를 맡은 마옥순 목사, 두 분의 체육 선생님과 두 분의 교과목 선생님, 그리고 중국어, 한자, 미술, 컴퓨터 선생님, 이렇게 총 열 명이 BSA의 교사로 세워지게 되었다. 네 명의 아이들로 시작된 학교에 열 명의 교사가 세워졌으니 그야말로 하나님이 예비하신 소수 정예 엘리트 교육이라 하지 않을 수 없다.

  가끔 BSA 선생님들을 보면 바보 같다는 생각이 들기도 한다. 그저 하나님이 좋아서 '바보 같이 삶을 온전히 던진' 소중한 분이라는 뜻이다. 커리어도, 생업도 다 던진 채 하나님께 쓰임 받을 수 있음에 감사하는 바보 같은 분들을 보면 내 마음도 덩달아 뜨거워진다. 어떻게 그분들은 이런 결단을 할 수 있었을까? 모두 다 하나님이 하신 일이다. 하나님이 주신 마음이다. 하나님이 아니면 설명될 수 없는 일들이다. 그렇게 이때를 위해 하루하루의 삶을 준비하게 하신 하나님께서는 하나님의 방법대로 교사들을 세워 주셨다.

  한편 하나님은 영어 교육 프로그램을 구축하는 과정에서도 기적을 일으키셨다. 처음 영어 교육을 고민할 때, 안호성 목사님께서는 삼성영어를 추천해 주셨다. 하지만 좋은 교육인 만큼 따내기가 쉽지는 않을 거라는 단서도 붙이셨다. 실제로 발안리는 규모상 삼성영어 가맹점이 한 곳만 들어설 수 있었다. 그런 차원에서 가장 유력한 곳은 학교 앞이다. 곧 네 명밖에 학생이 없는 BSA가 삼성영어 가맹점이 된다는 것은 상식적으로 불가능한 일이었다. 그런데도 우리는 두드렸다. 그리고 하나님은 될 수 없는 그 일을 되게 하셨다. 삼성영어 가맹점이 되어서 질 좋은 영어 교육을 받을 수 있도록 이끄신 것이다. 심지어 코로나19 시기라는 이유로 가맹비 없이 무료로 교육을 시작할 수 있는 은혜를 누리게 하셨다. 그렇게 아이들은 학원에서 20만 원을 내고 배워야 하는 영어 수업을 BSA에서 배울 수 있게 되었다. 하나님은 BSA의 모든 것을 책임져 주셨고 하나님의 방식대로 이끌어 주셨다.

7천 용사 양성소, BSA의 비전

하나님은 새로운 정체성을 세우실 때마다 이름을 바꾸어 주셨다. '큰 아버지'를 뜻하는 아브람의 이름을 '많은 무리의 아버지'를 뜻하는 아브라함으로 바꾸셨고창 17:5 '나의 공주'를 뜻하는 사래를 '열국의 어머니'를 뜻하는 사라로 바꾸셨다창 17:15. 또한 '대체자'를 의미하는 야곱을 '하나님과 겨루어 이김'을 뜻하는 이스라엘로 바꾸기도 하셨다창 32:28.

신약에서도 예수님은 '하나님께서 들으셨다'라는 뜻을 가진 시몬을 '반석'을 뜻하는 베드로로 바꾸셨다요 1:42.

하나님께서 세우시는 이 학교의 이름 또한 하나님의 인도하심 가운데 정해질 수 있도록 기도했다. 하나님이 이 학교에 세우신 뜻이 곧 이름이 될 수 있도록 말이다.

그렇게 해서 만들어진 대안학교의 이름이 BSABlessing Seven

thousand Academy, 축복7000아카데미다. 이 이름에는 순복음축복교회의 비전이 고스란히 담겨 있다. 곧 BSA는 바알세상에게 절하지 않는 7천 명의 용사를 키워내어 각 분야의 엘리트로서 세상을 복음으로 변화시키고, 차세대 리더로서 각자의 자리정치, 경제, 사회, 문화, 체육, 법조, 연예 등에서 전문인 선교사가 되는 것을 목표로 한다. 나아가 자기가 속한 각 분야에서 또 다른 7천 명의 용사를 키워내는 것을 비전으로 삼는다.

그런 비전에 근거하여, BSA는 교육 영역에서 7천 명의 용사를 양성하는 거점이 될 것이다. 동시에 이곳에서 성장한 하나님의 사람들은 또 다른 영역에서 하나님의 사람 7천 명을 세워나가게 될 것이다.

BSA는 세 가지 핵심 목표를 향해 나아간다. 첫째는 하나님의 비전을 품고 세상에 복음을 전하는 다음 세대를 세우는 것. 둘째는 영성, 인성, 지성, 사회성을 겸비한 차세대 글로벌 리더를 양성하는 것. 셋째는 교육을 통하여 하나님 나라를 확장하고, 세상에 본이 되는 그리스도인으로 길러내는 것이다.

하나님이 하십니다

하나님의 그릇을
빚는 공간, BSA

하나님이 BSA를 통해 세우시는 사람의 모습은 과연 어떨까? 우리는 BSA의 인재상을 두 가지로 형상화한다.

하나는 '그릇'이다. BSA 로고를 보면 가운데를 지나는 스마일 모양이 있는데, 그 스마일은 그릇을 상징한다.

그릇은 무언가를 담는다. 그런데 그릇이 그릇으로서 가치를 드러내려면 그릇 자체의 질도 우수해야 할 뿐 아니라, 그 안에 담긴 내용물 또한 가치 있어야 한다. 실제로 빛나는 황금 그릇도 그 안에 오물을 담으면 그 그릇은 가치를 잃는다. 반대로 고급 음식이라도 비위생적이거나 온도변화에 약한 그릇에 담으면 음식이 변질되어 가치를 잃는다. 즉 그릇과 내용물 모두가 온전할 때, 그 그릇은 좋은 그릇으로서 가치를 발휘한다.

BSA는 아이들을 우수한 그릇으로 만들고 그 안에 가장 가치 있는 것을 담는 것을 목표로 한다. 여기서 담게 될 내용물은 하나님의 마음 곧 하나님의 뜻과 하나님의 꿈과 하나님의 사랑이다. 그리고 이런 마음을 소중히 담아낼 수 있도록 최상의 그릇을 만들고 그 그릇의 질이 유지될 수 있게 한다. 이를 위해서는 가치 있는 것을 가치 있는 것으로 받아들이고 간직할 수 있는 교육과 훈련이 필요하다.

어쩌면 그릇을 만들어가는 과정은 달란트를 발견하고 그 달란트를 훈련하는 과정일 수도 있다. 그리고 그 그릇에 하나님의 마음을 담는 것은 훈련된 달란트를 하나님의 나라를 위해 사용하도록 이끄는 과정이 될 수 있다.

간혹 좋은 그릇으로 완성이 되었음에도 정작 그 그릇에 세상적인 가치를 담으려고 할 때가 있다. 하나님이 주신 달란트로 역량을 키웠는데 막상 그 역량을 자기 욕심과 세상의 유익을 위해 쓰려는 경우가 있는 것이다.

그만큼 BSA는 그릇을 만들되 그 그릇이 제 기능을 하는 것까지 책임지고자 한다. 그런 하나님의 가치 있는 그릇이 되는 것이 하나님이 우리 BSA에 심어 주신 첫 번째 인재상이다.

하나님이 날개를 달아주시는 공간, BSA

BSA 로고의 우측 상단에는 붉은 날개가 붙어있다. 학교가 추구하는 인재상은 '날개'로도 형상화되는 것이다.

BSA는 아이들에게 날개를 달아주는 공간이다. 사실 '아이들에게 날개를 달아주자'라는 말은 세상에서도 흔히 하는 말이다. 그러나 BSA에서 달아주는 날개는 세상에서 말하는 날개와 다른 개념이다. 여기서 말하는 날개는 하나님의 능력이다. 앞서 그릇에 하나님의 뜻이 담겼다면 이제 하나님의 능력으로 그 뜻이 세상에서 실현될 수 있게 해야 한다.

따라서 날개를 다는 방법부터가 다르다. 세상에서는 스스로 날개를 달라고 말한다. 자유를 추구하는 듯한 뉘앙스가 강조되지만, 결국에는 자기 힘으로 날개를 달아야 한다는 것을 전제한다. 그만큼 세상에서는 날개를 달고 자유롭게 활개 치는 것이 쉽지 않다. 날개가 있어도 환경의 제약이나 무능함 앞에서는 좀처럼 날갯짓하기 어렵다. 날개를 달고 마음껏 날아보라며 내로라하는 교육 환경에 갖다 놓지만, 인간의 힘만으로는 그 날갯짓을 지속하기가 어려운 것이다.

아무리 강한 의지와 대단한 능력을 갖춘 사람이라도 자신의 힘으로 넘지 못할 산을 만나면 이내 날개를 접을 수밖에 없다. 기껏 달아놓은 날개가 꺾이기까지 한다. 그런 이유로 세상에서 아이들은 포기, 실망, 좌절 3종 세트를 늘 달고 산다.

BSA에서 하나님이 달아주시는 날개는 꺾이지도, 부러지지도 않는다. 어떤 환경의 변화 앞에서도 날갯짓을 할 수 있게 한다. 세상에서는 내 힘과 지혜로 무엇인가를 해내야 하지만 이곳에서는 하나님의 힘과 지혜로 해내기 때문에 진정한 자유 속에서 실력을 발휘하게 되는 것이다.

물론 하나님이 날개를 달아주신다고 해서 아이들이 아무것도 하지 않은 채 가만히 있으라는 것은 아니다. 배우고 익히는 모든 과정이 곧 하나님이 날개를 달아주는 과정이다. 커리큘럼 하나하나가 하나님의 뜻과 하나님이 주신 달란트를 발견하는 과정이 되는 것이다.

이렇게 날개를 달게 되면 궁극적으로 영성, 인성, 지성, 사회성이 성장한다. 더 나아가 하나님의 뜻에 이르도록 날아오르게 되고 전인적인 실력을 겸비한 전문인 사역자가 된다. 열방을 구원의 땅으로 인도하는 자녀이자 예수님을 증거 하는 증인으로 활약하게 된다.

증인의 모습은 각기 다를 것이다. 직접 선교지나 사역지에서 헌신하는 사람도 있을 것이고 정치, 경제, 사회, 문화, 법조계, 체육계, 연예계 각 분야에서 복음의 영향력을 발휘하게 되는 사람도 있을 것이다. 우리는 이곳에서 배우는 아이들, 앞으로 배우게 될 아이들을 응원한다. 하나님의 사람으로 성장하고, 더 나아가 '하나님의 사람을 세우는 사람'이 되길 간절히 소망한다.

'신앙은 교회가 책임지고
공부는 학교가 책임지고……'
이것은 오랜 세월 지속되어 온
일종의 원칙이었다.

하지만 세상이 바뀌고 시대가 변했다.
더 이상 과거의 원칙에 머무를 수만은 없게 되었다.

교회도 이제는
아이들의 교육을 책임져야 한다.
타락한 세상에서
하나님의 사람으로 우뚝 서게 하려면
교회가 적극적으로 나서야 한다.

우리 교회는
전도 안 하면 큰일 나는 교회였다.
하나님이 처음부터 그렇게 만드셨다.

전도 안 하면 시작조차 못 할 교회였고
전도 안 하면 문 닫을 수밖에 없는 교회였다.

그렇게 떠밀리듯 시작한 전도였는데
이제는 시키지 않아도 하는 게 전도다.
전도의 맛을 알아버린 우리 교회는
어느새 전도하지 않고서는 못 견디는 교회가 되었다.

전도는
못 할 이유도,
안 할 이유도
없다

전도는 못 할 이유도,
안 할 이유도 없다

전도는 생존이다

너희는 할 수 있다.

왜냐면 내가 할 것이기 때문이다.

스스로 찾아올 수
없는 교회

'3km' 빨리 걸으면 30~40분, 천천히 걸으면 한 시간이 넘는 거리. 아파트 단지가 생기기 전 교회와 시내 사이의 거리가 3km였다. 심지어 제대로 된 인도가 없어서 찻길 옆으로 걸어야 했다. 이 사실이 의미하는 바가 무엇일까? '스스로 교회에 찾아오는

하나님이 하십니다

것'이 불가능함을 뜻한다.

그렇지 않아도 외딴 지역인데 외딴 지역 안에서도 외진 곳에 세워진 교회가 바로 우리 교회다. 오죽했으면 성전 건축 당시 근처를 지나가던 목사님이 한마디 하셨다고 한다.

'저기에다가 설마 교회를 짓나? 어떤 미친놈이⋯⋯.'

설마 그 미친놈이 우리 아버지일 거라고는 상상하지 못하셨을 것이다. 말 그대로 우리는 출발부터가 '미친 짓'이었다. 적어도 인간의 시선에선 그랬다. 그만큼 누구도 스스로 찾아올 수 없는 교회가 바로 순복음축복교회였다. 그러나 위치를 결정하신 것도 하나님이었고 미친 짓을 하도록 주관하신 분도 하나님이었다.

순복음축복교회가 '스스로 찾아올 수 없는 교회'가 된 이상, 우리는 각오를 단단히 하지 않을 수 없었다.

'전도 안 하면 우리 교회는 문 닫는다!'

이것은 우리 교회가 전도에 목숨을 걸 수밖에 없는 이유였다.

아무래도 하나님은 우리 교회를 전도에 특화된 교회로 쓰시려고 작정하신 것 같다. 개척 때부터 30명을 무작정 채우게 하시질 않나⋯⋯. 시내로부터 3km나 떨어진 곳에 성전 건축을 하게 하시질 않나⋯⋯. 하나님은 매 순간 기를 쓰고 전도하지 않으면 안 되는 상황을 항상 만들어 주셨다. 그리고 우리는 전도하는 과정에서 중요한 사실을 하나 깨달았다.

'전도 못 한다는 것은 핑계다.'

아파도 할 수 있는 게 전도이고 변수가 생겨도 할 수 있는 게 전도다. 심지어 우리 교회는 담임목사님 장례가 끝나고 이틀 만에, 그러니까 사흘째 되는 날부터 전도하러 나갔다. 코로나19 때도 전도를 멈추지 않았다. 위기는 전도를 중단하게 만드는 '방해 요소'가 아니라 전도를 더 많이 하게 만드는 '기회'가 되었다.

한편 '전도가 생존'인 교회에서 신앙생활을 하면 단순한 비결이 생긴다. 영혼 구원을 향한 마음만 있으면 전도는 '무조건 된다'는 사실이다. 마음만 장착하고 있다면, 그리고 그 마음이 진심이기만 하다면 그다음은 하나님이 알아서 하신다. 방법도 그때그때 새롭게 알려 주시고 열매도 풍성히 맺게 하신다.

그렇다면 어떻게 해야 영혼구원에 대한 마음을 내 안에 장착할 수 있을까? '전도는 중요하니까 열심히 해야지' 하고 다짐하기만 하면 될까? 여기서 중요한 건 머릿속 의지가 아니라 가슴속 진심이다. 사실 머리로 각오하고 다짐하는 것은 의미가 없다. 시켜서 하는 것에 불과하니까.

전도하려면 일단 잃어버린 영혼을 향해 마음이 동해야 한다. 의지와 상관없이 마음이 흔들려야 한다. 죽어가는 영혼을 볼 때마다 마음이 슬퍼야 하고 괴로워야 한다. 눈에 자꾸 밟혀야 한다.

그런데 이것은 결코 우리 힘으로는 되지 않는다. 사람을 사랑하는 건 내 뜻대로 되는 일이 아니기 때문이다. '저 사람을 사랑해야지'라고 마음먹는다고 해서 사랑의 감정이 생길 수 없는 것처럼 말이다.

그래서 기적이 필요하다. 나와 아무런 상관없어 보이는 사람을 사랑하게 만드는 기적! 그 기적을 행하실 분은 성령님이다. 성령충만하면 사랑하게 된다. 성령이 죽어가는 영혼을 불쌍히 여기시고 아끼는데, 그 성령이 내 마음을 장악하시니 비신자를 사랑하지 않을 수가 없는 것이다.

그리고 성령이 우리 마음을 주관하시는 순간, 전도를 못 하게

만들던 핑계는 다 사라진다. 만나기 싫은 사람이 만나자고 하면 없는 핑계를 만들어서라도 만나지 않는 게 우리의 모습이다. 반대로 그토록 만나고 싶은 사람이 만나자고 하면 아파도 벌떡 일어난다. 오만가지 선약이 있어도 다 취소하고 만난다.

그렇게 성령충만하면 전도는 자동으로 이뤄진다는 아주 쉬운 원리를 터득해갔다. 쉽지만 사람들이 의외로 잘 놓치고 있는 원리 말이다. 그리고 그 단순한 전도 비결 덕에 교회와 시내 사이의 물리적 거리는 아무런 문제가 되지 않았다.

하나님이 하십니다

예수님을 몰라서
못 믿는 사람이 없게 하자

　살기 위해 우리는 밥을 먹는다. 누가 알려 주지 않아도
밥 먹는 건 잊어버리지 않는다. 안 먹으면 살 수 없다는 것을 알기
에 군이 의식하지 않아도 내 몸이 나를 끼니때마다 밥상 앞으로
데려다 놓는다. 일종의 생존 법칙이다.

전도가 생존인 우리 교회도 마찬가지다. 시키지 않아도 전도하러 나가는 문화가 정착해 있다. 이런 아름다운 문화가 또 있을까? 더 나아가 성령께서 행하시면 전도를 자원할 수밖에 없게 되고 자원하는 자가 모이면 '팀'이 생기는 역사가 벌어진다.

그렇게 시키지도 않았는데 전도팀이 자발적으로 생기기 시작했다. 전도 축제 기간에는 약 70~80개의 전도팀이 생겼다. 그래서 우리 교회에는 이런 다짐이 생겨나기도 했다.

'집에서 외출해서 100m 거리를 가는 동안 우리 교회 전도팀을 최소 두세 팀은 만나야 한다.'

그런 이유로 우리 교회는 평일에도 주일처럼 성도들과 마주칠 일이 많다. 교회 안에서 성도들과 만나는 것도 반가운 일이지만 교회 밖에서 성도들을 만나면 더 반가울 수밖에 없다.

이 모든 것이 교회에서 '강제적으로' 시킨 일이라면 순종하면서도 기쁨이 오래가지 않는다. 지치기도 하고 전도가 일처럼 느껴지기 쉽다. 전도가 어느 순간 귀찮은 과업으로 다가올 수도 있다. 실제로 억지로 하는 일처럼 괴로운 게 없다. 같은 일이라도 자발적으로 하면 보람되고 기분이 좋지만, 억지로 시키면 하고 싶었던 일도 하기 싫어진다.

그런데 우리 교회 전도팀은 자생적으로 생겨난 팀이기 때문에

에너지가 넘칠 수밖에 없다. 곧 하나님이 친히 짜주신 팀이나 다름없다. 일명 영적 어벤져스다.

영적 어벤져스는 하나님의 능력으로 움직이는 만큼 강력할 수밖에 없고 하나님의 사람들이 뭉친 만큼 영적 시너지를 낼 수밖에 없다. 더 나아가 우리는 전도하면서 다음과 같은 각오를 다졌다.

'예수님을 몰라서 못 믿는 사람이 없게 하자.'

'순복음축복교회를 몰라서 못 찾아오는 사람이 없게 하자.'

예수님을 모를 순 있다. 하지만 알고 나면 믿을 수밖에 없는 분이 예수님이다. 또한, 순복음축복교회를 모를 순 있다. 하지만 알고 나면 나올 수밖에 없는 곳이 순복음축복교회다. 그러니 그 사실을 알게 해야 한다. 알게 해 주는 게 전도이고 그걸 해야 하는 사람이 바로 우리다.

바람 바람
성령 바람이 불면

하나님은 일상 속 전도를 통해서도 교회가 부흥할 수 있도록 이끄시지만, 특별한 계기를 통해서도 급성장의 역사를 이루신다. 우리 교회가 11시 예배를 10시 예배와 12시 예배로 분리한 것도 그런 특별한 계기에 속할 것이다.

그 외에도 급성장의 기폭제가 되었던 것이 '바람바람 성령바람' 전도 축제였다. 우리 교회의 경우, '바람바람 성령바람' 1차 전도 축제 때도 많은 영혼이 구원받았고 2차 전도 축제 때도 많은 영혼이 구원받았다. 하지만 그 '많음'이 하나님 앞에서도 '많음'이라고 할 수 있을까? 우리가 생각하는 '많고 적음'의 기준과 하나님이 생각하시는 '많고 적음'의 기준은 다를 수 있다. 실제로 하나님은 인간의 시선에서는 적어 보이는 과부의 두 렙돈도 많다고 하셨지만, 자기 재산을 대거 바친 아나니아와 삽비라의 헌금은 많다고 보지 않으셨다. 많기는커녕 아무것도 안 드린 것이나 다름없다고 보셨다.

마찬가지로 우리는 '많이' 전도했다고 생각할 수 있지만, 하나님은 마음에 안 차실 수 있다. 대형 사고로 1천 명이 갇힌 상황에서 100명을 구출했다고 했을 때 '100명이나 구하다니! 정말 많이 구했다!'라고 말하며 안심할 수 있을까? 남은 900명을 생각한다면 안심하거나 뿌듯해할 겨를이 없을 것이다. 계속 구하기 위해 힘을 다할 것이다. 전도할 때도 하나님은 "이제 됐다. 이 정도면 충분하다"라고 하지 않으신다. 아직 죽어가는 수많은 영혼이 남아 있기에 끊임없이 재촉하신다.

'바람바람 성령바람' 1, 2차 전도 축제를 마친 후의 상황이 딱 그랬다. 열심히 했고 전도의 열매도 많이 거둔 듯한데, 하나님은 '아직 아니다'라는 마음을 갖게 하셨다. 특히 전 축제에서 도전하는 것 중 하나인 '100명 전도왕'이 아직 나오지 않았던 만큼 이 부분에 대해서 거룩한 부담을 갖게 하셨다.

하나님은 아내인 마옥순 목사에게도 끊임없이 거룩한 부담을 갖게 하셨다. 특히 100명 전도왕이 나오지 않은 것에 대해 더 큰 안타까움을 갖게 하셨다. 물론 부담만 주신 것이 아니다. 부담을 극복할 방법까지도 알려 주셨다.

'너희는 할 수 있다. 왜냐면 내가 할 것이기 때문이다.'

사실 1, 2차 전도 축제 기간에 마옥순 목사는 그 어느 때보다 열심히 전도했다. 새벽부터 늦은 밤까지 뛰어다니며 전도했고 시간을 쪼개가며 전도했다. 그런데도 100명까지는 전도하지 못했다. 결국, 포기할 마음을 갖기도 했다.

'아……. 해도 안 되는 게 있나 보다.'

그때 하나님은 '내가 한다'라는 확신을 심어 주신 것이다. 여기에 전도 축제 도중 진돗개 전도왕으로 잘 알려진 박병선 장로님을 통해서도 하나님의 음성을 듣게 하셨다.

"한술에 배부르지 않습니다! '나는 심었고 아볼로는 물을 주었으되 오직 히나님은 자라나게 하신다'라고 하셨습니다. 한 번 해서 안 되면 두 번, 두 번 해서 안 되면 세 번 하면 됩니다. 끊임없이 전하면 하나님이 하실 것입니다!"

순간 '전도왕이 나오는 교회는 따로 있나 보다' 싶었던 마음이 사라졌다. 그때부터 마옥순 목사는 우리 교회에도 100명 전도왕이 나올 수 있을 거라는 마음을 갖게 되었다.

하나님이 하십니다

이후 우리 교회는 다시 3차 전도 축제를 열게 되었다. 이 시기에는 저마다 성령께서 이끄시는 전도를 하기 시작했다. 하나님이 하신다는 약속을 굳게 믿고 정말로 하나님께 맡겼다. 그리고 그 3차 전도 축제가 진행된 40일간 마옥순 목사는 216명을 전도했다. 100명 전도왕이 목표였는데 하나님은 두 배 이상의 영혼을 하나님께로 인도하게 하신 것이다.

더 나아가 성령의 역사하심으로 100명 전도왕이 우리 교회 내에서 열세 명이나 나왔다. 한 사람 당 100명씩이라고만 쳐도 전도된 사람이 1천 3백 명 이상이다. 게다가 100명 전도왕 이외의 성도들이 전도한 것까지 고려하면 전도의 열매는 더 많아진다.

그렇게 우리 교회는 '바람바람 성령바람' 전도 축제를 통해 부흥의 전환점을 또다시 맞이하게 되었다. 만약 1, 2차 전도 축제에서 멈췄다면 누릴 수 없는 은혜의 순간들이었다. '이 정도면 됐지'라고 생각하며 안심했거나 '이 정도밖에 안 되나 봐'라고 하며 포기했다면 기적 같은 하나님의 능력을 보지 못했을 것이다.

더 나아가 그때 우리는 '너무나도 당연하지만 놓치기 쉬운 사실'을 다시 한번 확신할 수 있었다.

'전도? 하나님이 하신다!'

부어 준 만큼 부어 주시는 분

전도하면 교회의 모든 문제는 자연히 사라진다.
문제가 사라지면 교회는 부흥할 수밖에 없다.

선교지의 절실함을 먼저 통감하게 하시는 하나님

국내 전도와 마찬가지로, 해외 선교 역시 '교회가 마땅히 해야 할 일'이다. 하지만 선교의 방식은 각기 다르다. 하나님이

하나님이 하십니다

순복음축복교회에 원하시는 선교는 물질을 통해 선교지의 필요를 채우는 것이었다. 특히 일시적이 아닌 지속적으로 후원하게 하셨다. 그래서 초창기부터 어떤 선교지 교회를 후원하기 시작하면 그 선교사님이 떠나지 않는 이상은 계속 후원했다. 그리고 선교지에서 무엇인가가 필요할 때마다 하나님은 어떤 방식으로든 사인을 주셨다.

그런데 물질로 선교지를 후원하는 것 역시 전도만큼이나 진심이 있어야 가능한 것이다. 그 진심이 없다면 선교후원만큼이나 아까운 것이 없을 테니 말이다. 당장 우리에게 무엇인가가 필요한데 그걸 제쳐놓고 머나먼 나라의 선교사님과 교회를 돕는 게 가능할까? 일단 미루고 보게 될 것이다. 우리 것부터 챙기게 될 것이다. 실제로 코로나19가 시작된 이후로 가장 먼저 끊긴 것이 선교비라고 한다. 그래서 선교지에서도 감염에 따른 문제와 경제적 문제가 이중고로 다가왔다고 한다.

그것이 현실이기에 선교후원을 할 때도 하나님이 마음을 주관하셔야 한다. 하나님은 순복음축복교회의 선교를 지휘하실 때도 그들의 필요를 헤아릴 마음을 먼저 갖게 하셨다. 선교지에서 무엇인가를 간절히 원할 때, 그 간절함이 어떤 것인지 우리가 먼저 느낄 수 있게 하신 것이다.

외곽에 위치한 우리 교회는 차량 운행이 필수다. 그래서 우리 교회 차량은 세상의 그 어느 차보다 열일한다. 교회를 닮아 교회 차량도 얼마나 부지런한지 모른다. 그런데 차량을 구입한 지 시간도 꽤 많이 흐른 데다가 열일한 결과 문제가 나타나기 시작했다.

여름에 에어컨을 틀면 교회에 도착해야 찬 바람이 나왔고, 겨울에 히터를 틀면 교회에 도착해서야 따뜻한 바람이 나왔다. 심지어 따뜻한 바람이 나오기 전까진 찬 바람이 불었다. 그렇지 않아도 추워서 히터를 튼 것인데 히터 덕에 더 추워진 셈이다.

거기에 4D 영화관처럼 의자가 앞뒤로 흔들거렸고, 차가 달리는 중에 창문이 자동으로 열리는 기이한 일이 일어나기도 했다. 스릴은 있었지만 이러다 큰일 나겠구나 싶기도 했다. 불편함을 떠나 안전을 위해서라도 차를 바꿀 필요가 있겠다 싶었다.

노후된 차량을 바꿔야 한다고 생각할 무렵, 중국 선교지를 심방하게 되었고 그 교회에 차량이 필요하다는 사실을 들었다. 우리 교회도 차량을 새로 장만해야 하는 상황인데 선교지에서도 비슷한 상황에 놓인 것이다. 차이가 있다면 우리 교회는 노후되긴 했어도 타고 다닐 차가 있었고 선교지에는 아예 차 자체가 없다는 사실이었다.

그때 우리는 차량을 사기 위해서 헌금을 모았다. 그리고 선교지에 먼저 보냈다. 그렇게 선교지에서는 새 차를 사게 되었다. 우리 교회도 차가 필요했지만 차가 아예 없는 선교지가 더 간절한 상황이었기에 하나님은 우리의 필요보다 그들의 필요를 먼저 보는 마음을 갖게 하셨다. 그리고 차량이 필요한 그들의 절실함을 알게 하려고 우리에게 먼저 그 절실함을 통감하게 하셨다.

'에어컨, 히터도 잘 안 나오고 의자도 흔들거리고 창문도 막 열리는 차를 타면서도 이런 어려움을 느끼는데, 차량 자체가 없는 그곳에서는 얼마나 힘들까. 그렇지 않아도 선교지에서는 차량이 필수인데…….'

아마 그곳에서는 에어컨이나 히터가 안 나와도 좋고, 의자나 창문이 없어도 좋으니 그저 차 한 대만이라도 있으면 감사하겠다고 생각하지 않았을까. 하나님은 우리 교회의 노후된 차를 통해 그들의 절박함을 알게 하시고 선교비를 모을 수 있게 하신 것이다. 배고파 본 사람이 배고픈 사람의 마음과 처지를 잘 알아 그들을 적극적으로 도울 수 있는 것처럼…….

비슷하게 우리 교회는 비전홀 건축에 대한 필요를 느낀 적이 있다. 그런데 이때도 하나님은 필리핀과 태국에 먼저 교회를 세우게 하셨다. 건축에 대한 필요성을 강하게 느끼는 만큼 선교지에 교회 건축의 필요를 더 절감하게 하셨고, 먼저 선교지에 교회를 세우게 하신 것이다.

특히 하나님은 이런 과정을 통해 우리의 믿음이 한 단계 더 성장하는 계기를 마련해 주셨다. 나의 필요를 잠시 내려놓고 선교지의 필요를 먼저 바라보며 돕는 것은 결국 하나님을 향한 믿음과 연결되기 때문이다. 하나님의 나라를 먼저 생각할 수 있는 믿음과 우리의 쓸 것을 하나님이 책임지실 거라는 믿음! 그 믿음을 갖도록 훈련하신 것이다.

사실 하나님을 위해 무엇이든 하겠다면서도 당장 내가 쓸 것을 포기하기 힘든 게 인간의 연약한 모습이다. 나아가 하나님의 능력을 의심하기도 한다. 내가 이걸 포기했을 때 과연 하나님이 채우실까 하는 의심, 하나를 바치면 열을 주겠다고 하시는데, 그걸 믿지 못하는 게 우리의 현주소다.

하나님은 사랑하는 자녀가 그런 모습에서 벗어나길 원하시고 이를 위해 믿음을 단련시키신다. 그 믿음 속에 거해야 우리가 더 행복할 수 있음을 아시기 때문이다. 내 힘으로 바둥거리며 사는 것이 아니라 하나님의 방법으로, 하나님의 채우심으로 사는 것이 얼마나 풍요롭고 복된 것인지를 경험하게 도우시는 것이다.

먼저 드리자
더 많이 채워주신 하나님

순복음축복교회가 선교지의 필요를 먼저 채워주자 하나님은 그만큼 우리 교회의 필요를 채워주셨다. 아니, '그만큼'이 아니라 '더 많이' 채워주셨다. 하나님이 교회 봉고차 다섯 대를 모두 새 차로 바꿔주신 것이다. 성도들이 자비량으로 헌물하게 하셨는데, 분명 하나님은 그 성도들에게도 그 이상의 복으로 채워주실 것이다.

또한, 비전홀도 짓게 하셨다. 코로나19 시국에 빚 없이 3층 건물을 짓게 하셨다. 이처럼 하나님의 경제 원리는 세상이 말하는 경제 원리와 달랐다. 하나님의 나라를 위해 포기하는 만큼 하나님은 그만큼 플러스가 되게 하신다.

선교하는 만큼 교회를 풍성하게 채워주셨던 하나님은 전도하는 과정에서도 풍성히 채워지는 역사를 목도하게 하셨다. 무엇보다 초대교회처럼 자발적인 헌신이 이어지게 하셨다. 몇만 개씩 전도용품들을 후원해 주는 분이 있는가 하면 교회학교 자리가 모자라자 확장공사를 해 주신 판넬 사장님도 있었다.

거기에 교회학교 아이들을 위해 아이스크림 냉장고를 사들여 온 성도도 있었다. 한번은 교회에서 쿵쿵 소리가 났다. 정체 모를 소리에 나가보니 살수차가 와 있었다. 이게 대체 무슨 일인가 싶었다. 알고 보니 살수차는 새가족이 끌고 온 것이었다. 교회 마당을 청소하겠다는 이유에서였다. 이렇게 성도들이 은혜받자 초대교회에서 일어난 일들이 계속 벌어지기 시작했다. 성도들이 자비량 봉사에 훈련되기 시작한 것이다. 그들은 하나님이 부어 주시는 복을 경험한 이상 봉사를 멈출 수 없었다. 그리고 그 과정에서 분명하게 깨달을 수 있었다.

'전도하면 교회의 모든 문제는 자연히 사라진다. 당연히 교회가 부흥할 수밖에 없다.'

한편 하나님 나라의 확장을 위해 헌신하는 일들은 아직도 우리 교회의 일상이 되어가고 있다. 우리 교회의 경우, 봉사할 때 교회가 재정을 전부 지원하지 않는다. 성도들이 전적으로 헌신하거나, '교회 반, 본인 반' 부담하는 방식으로 헌신한다.

시간과 물질을 들여 봉사하고 난 뒤 하나님께 직접 복을 받는 게 성도들에게도 가장 복된 일이기 때문이다. 나아가 성도들이 헌신하는 만큼 봉사의 수준과 질은 더 높아졌다. 교회가 일방적으로 지원할 경우, 마음에 안 들 때마다 바꿔 달라고 하는 등 불평하게 되기 마련이다. 혹은 물품이 함부로 굴러다니는 등 관리가 안 되는 경우도 다반사다. 하지만 직접 물질을 드려 헌신하면 모든

하나님이 하십니다

것을 정성껏 다루게 된다.

　이것이 앞으로도 이어질 우리 교회의 전통이다. 그리고 자신의 물질을 드려 헌신하는 이들은 이미 잘 알고 있다. 하나님께 시간과 물질을 드리는 것이 얼마나 큰 복인지를!

하나님의 나라를 먼저 구하느냐,
나의 이익을 먼저 구하느냐…….
이 문제를 두고 부담을 느끼던 시절이 있었다.
마치 하나님의 나라를 먼저 구하는 것이
하나님을 위해 내 것을 포기하는 것인 양
느껴질 때도 있었다.

하지만 하나님은
하나님의 나라를 구하는 것이
곧 우리에게 가장 복된 것임을 깨닫게 하셨다.
이제는 그 두 가지를 두고
우선순위를 논할 필요가 없다.

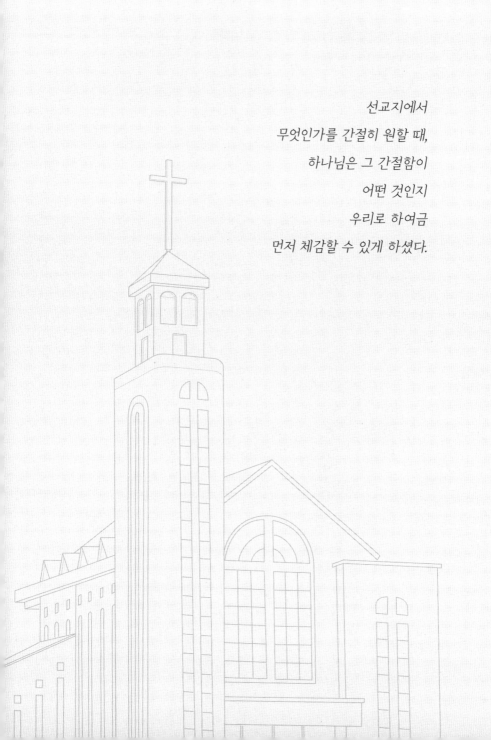

선교지에서
무엇인가를 간절히 원할 때,
하나님은 그 간절함이
어떤 것인지
우리로 하여금
먼저 체감할 수 있게 하셨다.

하나님이 이루어가신다

섬김은
예수님을 본받을 수 있는 최고의 비결이다.

섬김은
하나님과 동행할 수 있는 최고의 순간이다.

섬김의 기회를 주신 것은
하나님이 우리를 사랑하신다는 증거이자
우리와 함께하시길 원하신다는
하나님의 특별한 사랑 고백이다.

우리가
가장 잘하는 건
사랑이다

우리가 가장 잘하는 건
사랑이다

마땅히 해야만 하는 일, 섬김

하나님이 넘치도록 복을 주신 것은
더 많은 사람에게 더 널리 흘려보내라는 뜻이다.

요한복음 3:16 &
요한1서 3:16

"하나님이 세상을 이처럼 사랑하사
독생자를 주셨으니 이는 그를 믿는 자마다
멸망하지 않고 영생을 얻게 하려 하심이라"

하나님이 하십니다

_____ 요한복음 3:16

성도라면 누구나 암송하고 있는 성경 구절일 것이다. 이 구절에는 짝이 있다. 외우기 쉽게 장과 절도 같은 요한1서 3장 16절이다.

"그가 우리를 위하여 목숨을 버리셨으니
우리가 이로써 사랑을 알고 우리도 형제들을 위하여
목숨을 버리는 것이 마땅하니라"

_____ 요한1서 3:16

요한복음 3장 16절이 우리에게 주어진 은혜를 확인해 주는 말씀이라면, 요한1서 3장 16절은 그 은혜를 입은 우리가 어떻게 살아야 하는지를 보여 주는 말씀이다. 두 말씀을 연결하면 결국 예수님이 우리를 위해 목숨을 버리셨으니 우리도 형제를 위해 목숨을 버려야 한다는 것이다.

사실 부담이 되는 말씀이기도 하다. 목숨까지 버릴 정도로 이웃을 사랑한다는 것이 가능할까. 도전은 해 보겠지만 자신은 없다고 말할 이들이 대부분일 것이다. 그러나 성경은 이를 권장 사항 내지는 선택지로 제시하지 않는다. 옵션이 아닌 '마땅히 해야 할'일이라고 쐐기를 박는다.

어떻게 이것이 마땅한 일이 될 수 있을까? 중요한 것은 성경말씀에는 절대로 억지가 없다는 사실이다. 충분히 가능하기 때문에 마땅하다고 언급하고 있다. 그리고 이 구절에는 마땅할 수밖에 없는 이유가 분명하게 나와 있다.

"이로써 사랑을 알고"

우리를 위해 목숨까지 버리신 예수님의 사랑을 안다면, 우리도 목숨을 걸 정도로 사랑을 나눌 수밖에 없다. 문제는 '예수님이 우리를 위해 죽으셨다'라는 사실을 안다고 하지만, '안다'는 것이 피상적으로 아는 것에 그치고 있다는 것이다. '예수님이 나를 위해 죽으셨다'라는 것은 아는데 '나를 대신하여' 죽으셨다는 사실은 제대로 실감하지 못한다. 엄밀히 말하면 내가 본래 죽었어야 할 존재였다는 사실부터 잘 받아들이지 못한다. 그러니 예수님이 우리를 위해 죽으셨다는 말을 들어도 나와 상관없는 이야기로 맴돌 뿐이다. 알긴 아는데 감흥도, 감격도, 감동도 없다.

결과적으로 예수님의 대속을 알면서도 삶은 바뀌지 않는다. 내가 굳이 사랑을 베풀어야 하는지에 대해서도 물음표를 던진다. 그리고 어쩌다 뭐라도 베풀고 나면 으쓱해 한다. 은혜받은 자로서 당연히 해야 할 일을 한 것뿐인데, 안 해도 되는 선행을 '기꺼이' 베푼 것처럼 자랑스러워하는 것이다.

따라서 나를 위해 목숨까지 버리신 예수님의 은혜를 제대로 아는 단계로 나아가야 한다. 만약 예수님이 나를 위해 죽으신 그 사랑을 정말로 '알고 있다면', 사랑을 베풀지 않을 수가 없다. 사람을 위해 목숨을 거는 것도 아깝지 않을 수 있다. 물론 여기서 목숨을 건다는 것은 물에 빠진 사람을 구하기 위해 몸을 던지는 등 실제로 목숨을 내놓는 행위만을 의미하지 않는다. 이웃에게 사랑을 베풀기 위해 어떤 것도 아까워하지 않는다는 포괄적인 의미다.

만약 수많은 경쟁자를 제치고 죽을 뻔했던 내가 장기를 이식받아 살게 되었다고 가정해 보자. 그런 은혜를 입은 내가 누군가의 도움을 외면할까? 그 감격에 젖어있는 상황에서는 사람들이 도움을 요청할 때 외면할 수 없다. 생명을 다시 얻게 된 이상 부어 주고 또 부어 주어도 아까울 것이 없다.

난파된 배에서 내가 1순위로 구조되었다고 가정해 보자. 그때 '난 살았으니 이만!'이라고 말하며 먼저 떠날 수 있을까? 아무런 공로도 없이 먼저 구조된 은혜를 입은 만큼 남은 사람을 구하기 위해 힘을 쓸 것이다. 굳이 누군가가 도와달라고 요청하지 않아도 앞장서서 도울 것이다.

순복음축복교회에서도 나눔과 섬김은 권장 사항이 아니라 의무다. 이것을 '마땅한 것'으로 이해하지 못하고 '내가 왜 그걸 해야 하지?' 한다면 그것은 아직 예수님이 나에게 주신 사랑을 아직 체감하지 못한 것이다.

분명 이웃을 살리고 섬기는 것은 교회 사역의 기본이다. 그래서 우리 교회는 어떤 상황에서도 이웃을 향한 섬김과 나눔을 우선순위에 둔다. 코로나19와 같은 예상 못 한 변수가 찾아와도 이 우선순위는 흔들리지 않는다. 그리고 이웃을 향한 이러한 섬김과 나눔은 예수님의 은혜에 응답하는 또 다른 표현 방식이 되고 있다.

예배와 섬김은
한 세트다

요한복음 3장 16절의 짝이 요한1서 3장 16절이라면, 예배의 짝은 섬김과 나눔이다. 예배를 통해 얻은 넘치는 은혜를 받았다면 그 은혜를 이웃에게 고스란히 전해야 한다. 가둬두지 말고 흘려보내야 한다. 특히 은혜와 언어를 통해서도 나누어야 하고 물질과 행동을 통해서도 나누어야 한다. 그런 차원에서 예배를 통해 거두어진 헌금 역시 이웃을 섬기는 일에 꾸준히 쓰여야 한다.

우리 교회는 매월 첫 주 드려지는 월삭새벽기도의 헌금을 이웃을 섬기는 일에 사용한다. 추수할 때 고아와 과부들이 먹을 수 있도록 이삭을 떨어뜨리는 것처럼, 어렵고 힘든 이들을 위해 특별하게 심을 기회로 삼는다.

다른 예배 때 드려진 헌금의 일부도 이웃을 섬기는 일에 사용되지만, 월삭새벽기도 헌금은 일부가 아닌 전부가 이웃을 섬기는 일에 쓰인다. 그만큼 월삭새벽기도 때는 이웃을 위한 기도도 더 하게 된다. 그밖에도 고난주간 특새특별새벽기도회 등을 통해 드려진 특별헌금은 말 그대로 특별한 곳, 즉 이웃을 특별하게 섬기는 일에 쓰인다.

헌금이 쓰이는 곳은 다양하겠지만 코로나19 시기에는 미자립교회 임대료 지원, 선교지 지원, 재해 지역 지원 등에 많이 사용되었다. 특히 코로나19 시기에는 교회 임대료 문제가 미자립 교회에게는 존폐를 결정할 정도로 심각한 문제였다. 그때 하나님은 특정 교회의 위기를 섬김의 기회로 삼아주셨다.

그 과정에서 하나님은 '우리 교회를 채우시고 성장하도록 이끄신 것이 그만큼 더 베풀고 더 나누기 위함'임을 일깨워주셨다. 이와 관련하여 누군가는 이런 궁금증을 가질지도 모르겠다.

'하나님은 왜 어떤 교회는 자립하여 지속해서 성장하게 하시고, 왜 어떤 교회는 미자립 상태로 머무르게 하실까?'

다양한 뜻이 숨어있을 것이고 다양한 이유가 있겠지만, 분명한 건 자립 교회는 미자립 교회를 섬길 의무가 있다는 것이다. 하나님이 우리 교회에 가득 채워주셨다면, 그것은 잘나서 채워주신 것이 아니다. 도우라고 채워주신 것이다. 그만큼 채워지면 채워질수록 아직 덜 채워진 교회를 도와야 했다. 이것은 교회의 의무였다.

한편 특별헌금은 갑작스러운 구제가 필요할 때 더 귀하게 쓰인다. 이웃을 섬기는 일에 쓰이도록 교회 예산이 정해져 있긴 하지만, 항상 우리의 삶에는 변수가 뒤따르기 마련이다. 예상치 못한 변수가 생길 때마다 특별헌금은 말 그대로 특별하게 쓰였다.

2022년을 예로 들자면, 울진과 삼척 산불로 해당 지역 주민은 물론 전 국민이 애를 태워야 했다. 우크라이나와 러시아 전쟁으로 전 세계가 긴장을 놓지 못하는 상황이 발생하기도 했다. 그 누구도 예측 못 한 일들이었다. 그때도 하나님은 아픔을 공유하게 하셨으며 특별헌금을 사용히게 하셨다. 우리는 득별헌금을 울진과 삼척 산불 때는 전소된 교회를 돕는 일에 썼다.

앞으로도 하나님은 사회 곳곳에서 펼쳐지는 이슈들을 돌아보게 하실 것이다. 그때마다 우리 교회가 해야 할 것이 무엇인지를 깨닫게 하실 것이고 그 일들을 위해 물질과 마음으로 헌신하게 하실 것이다. 이 모든 것은 먼저 은혜를 입은 교회가 마땅히 해야 할 일이며 교회가 존재하는 이상 지속해야 할 사명이다. 그리고 이런 모습이야말로 예수님의 사랑에 진정으로 감사드리고 있다는 살아 있는 고백이다.

세상에서 가장 아름다운 상자,
5K사랑나눔박스

가난한 백성은 임금도 못 구한다.

그러나 자립교회가 5km 반경을 책임지면

가난한 백성을 구하는 것이 가능해진다.

섬김을 위한
하나의 창구를 만들다

초창기부터 이웃을 섬기는 일에 힘써온 우리 교회는 몸과 마음을 다해 구제 사역을 펼쳤다. 처음에는 구제 사역도 그냥 열심히 하면 되는 줄 알았다. 그래서 되는 대로 했다. 닥치는 대로 했다. 도움이 필요하면 돕고 섬겨야 하면 섬기고……. 하나님이 섬길 기회를 보여 주실 때마다 그저 열심히 하기만 했다.

하지만 구제와 섬김의 종류가 다양해지고 범위가 확대될수록 변화가 필요했다. 이때 하나님은 우리 교회를 통해 이루어지는 모든 구제 사역이 하나의 창구를 중심으로 이루어질 수 있게 하셨다. 일종의 허브를 마련할 수 있게 하신 것이다. 그리고 하나님이 주신 지혜가 깃들자 교회 차원에서 진행되는 구제 사역이 새로운 전기를 맞게 되었다.

허브가 마련되면 다양한 구제 사역을 체계적으로 관리할 수 있고 재정도 더욱 알차게 쓸 수 있다. 가령 어려운 사람들을 도울 때 전문 단체를 통해 기부하는 경우가 있는데, 많은 부분이 인건비로 들어간다. 돕는 일을 하려면 인력이 필요하기에 불가피한 현상이긴 하나, 헌금이 인건비로 대거 들어간다는 건 아쉬운 일이다.

그런데 교회가 교회 자체적으로 이런 일들을 한다면 인건비로 나가는 비용을 실제 구제 비용으로 사용할 수 있다. 무엇보다 교

하나님이 하십니다

회는 오직 자발적인 봉사로만 헌신하기 때문에 인건비가 들지 않는다. 그렇게 창구를 단일화하자 그동안 진행했던 구제 사역들이 더욱 분명하게 파악되었다. 이 과정에서 5K사랑나눔박스 운동도 시작할 수 있었다.

교회는 이웃을 섬길 책임을 안고 있다

NCMN Nations-Changer Movement & Network에서 시작한 5K운동은 '우리가 머무는 지역의 가난한 자를 반드시 돌보라'는 하나님의 명령에 근거한다. 더불어 '우리 교회가 위치한 지역의 5km 반경 내 곤란한 자와 궁핍한 자를 우리 교회가 책임지겠다'라는 것을 구체적인 목표로 삼는다. 원리는 다음과 같다.

'먼저 지역교회가 위치한 곳을 중심으로 반경 5km 내의 사역을 준비한다. 그리고 지역교회가 북한의 한 지역을 선정하여 그 지역 반경 5km 내에서 사역한다.'

이런 5K운동은 예수님의 4대 사역과도 연결된다. 복음서를 통해 예수 그리스도의 사역을 네 가지로 요약할 수 있는데 먼저 마태복음 4장 23절에서 24절에는 예수님의 사역을 '가르치심', '전파하심', '고치심'으로 설명한다. 여기서 '가르치심'은 교육 영역을, '전파하심'은 복음 영역을, '고치심'은 의료 영역의 중요성을 보여 준다.

"예수께서 온 갈릴리에 두루 다니사

그들의 회당에서 가르치시며 천국 복음을 전파하시며

백성 중의 모든 병과 모든 약한 것을 고치시니

그의 소문이 온 수리아에 퍼진지라 사람들이 모든 앓는 자 곧

각종 병에 걸려서 고통당하는 자, 귀신 들린 자, 간질하는 자,

중풍병자들을 데려오니 그들을 고치시더라"

_____ 마태복음 4:23-24

또한, 마태복음 25장 31절에서 46절에서 예수님은 주린 자에게 먹을 것을, 목마른 자에게 마실 것을, 헐벗은 자에게 옷을, 병든 자와 옥에 갇힌 사를 돌보는 것이 곧 주를 향한 사랑이라고 말씀하셨다. 곧 섬기고 베푸는 사역 역시 예수님의 4대 사역 중 하나로 나타나고 있다.

"내가 주릴 때에 너희가 먹을 것을 주었고 목마를 때에

마시게 하였고 나그네 되었을 때에 영접하였고

헐벗었을 때에 옷을 입혔고 병들었을 때에 돌보았고

옥에 갇혔을 때에 와서 보았느니라"

_____ 마태복음 25:35-36

하나님이 하십니다

이처럼 5K운동은 예수님의 사역을 본받는 특별한 기회가 될 수 있다.

우리 교회 역시 '5K사랑나눔'을 통해 교회 주변의 5km 내에 있는 어려운 사람들을 지속해서 섬기고 있다. 아울러 어렵고 힘든 지역 주민, 독거노인이나 소년 소녀 가장들에게 도움을 줄 수 있는 이들을 연결해 주고 있다. 예를 들어 식당의 경우, 선정된 가정에게 매월 식사 쿠폰을 나눠주어서 음식 제공을 한다. 또한 하나님이 주신 달란트를 활용하여 미용 봉사 등을 하는 분들도 있고, 하나님이 채워주신 것으로 물질 후원을 하는 분들도 있다. 그렇게 각자에게 부어 주신 것들로 봉사한다. 더 나아가 기업과 연결하여 봉사를 진행하기도 한다.

2021년 9월 10일에는 축복 5K사랑나눔센터 출범 및 협약식도 가졌다. 당시 기업회원 열한 명, 개인회원 다섯 명이 함께 참여했다. 이렇게 시작한 축복 5K사랑나눔 사역을 통해 독거노인, 한부모 가정, 복지 사각지대 가정, 장애인 등 수혜자를 모집하여 반찬, 생필품, 장학금, 영양제, 우유 등의 음식과 물품을 지원했다2022년 7월 기준으로, 기업회원 열두 명, 개인회원 열여섯 명이 되어, 총 스물일곱 명이 함께 참여하고 있다.

사회가 어려워질수록 사회를 돌볼 교회의 책임은 커진다. 그만큼 하나님은 우리에게 체계적으로 섬기고 봉사할 장을 열어 주신다. 앞으로도 우리는 하나님이 열어 주신 섬김의 기회를 놓치지 않을 것이다. 그리고 섬기고 봉사하는 그 자리는 하나님과 동행하는 영광의 순간으로 채워지게 될 것이다.

순복음축복교회는
이름 그대로, 축복이 넘치는 교회다.
하나님이 우리 교회에
축복을 부어 주신 데에는 중요한 이유가 있다.
실컷 부어 준 만큼
실컷 나누어 주어야 한다는 것이다.

그래서 우리는 마음껏 섬긴다.
모든 것이 우리의 것이 아닌 하나님의 것이기에
아까워할 것도 없다.
퍼주는 만큼 다시 채워지기에
염려할 것도 없다.

위기로 그려진 코로나19도
결국은 하나님이 허락하신 일이었다.
하나님께 있어서 코로나19는
새로운 도약을 하게 하시려는 변곡점이자
바꿔야 할 것을 바꾸게 하시는 터닝 포인트였다.

하나님 안에선
모든 것이 기회이고
모든 것이 축복이었다.

그렇게 코로나19의 상황에서도
하나님이 베푸신 은혜의 순간들은
중단 없이 이어졌다.

코로나19
시기에도
하나님은
일하신다

코로나19 시기에도
하나님은 일하신다

어떤 상황에서든 기준은 하나님

위기 앞에서 기억할 것은 단 하나다.
우리에게 위기로 읽히는 것이
하나님 아버지에게는 위기가 아니라는 사실이다.

이럴 때일수록
가이드가 필요하다

2020년 1월 말, 평범하기만 했던 우리의 일상을 급습한 코로나19! 코로나19의 또 다른 이름은 '당황'이었다. 대한민국 국민, 아니 전 세계가 당황했고 나를 비롯한 목회자들도 당황스러운 상황에서 벗어날 순 없었다. 문제는 목회자가 당황스러워하면 성도들은 그보다 더 당황스러울 수밖에 없다는 사실이다. 위기의 순간에 그들이 바라보는 대상이 목회자인데, 바로잡아 주어야 할 목회자가 당황하니 일종의 멘붕 상태가 증폭될 수밖에 없었던 셈이다.

그만큼 그 시기에는 '방향을 잘 잡아주는 것'이 중요했다. 앞으로 어떻게 나아가야 할지 분명하게 제시해 주지 않으면 세상이 이끄는 대로 끌려갈 수밖에 없기 때문이다. 분명 뉴스를 좇아가고 주변 사람의 말을 쫓게 되면 하나님과는 멀어질 수밖에 없다.

그래서 목회자로서 더 정신을 차렸다. 당황스러운 감정은 접어두고 하나님이 정해 주신 방향만을 바라보기 위해 노력했다. 그리고 그 방향대로 성도들을 이끌고자 했다.

앞에는 홍해가 펼쳐져 있고, 뒤에는 애굽 군대가 쫓아 오는 상황에서도 하나님은 모세와 이스라엘 백성에게 방향을 제시해 주셨다. 그 방향만 알면 앞뒤가 막혀도 길이 나오기 마련이다. 없던 길도 생겨나게 하시는 분이 하나님이시다. 하나님에게 그 정도쯤은 아무것도 아니다. 그래서 계속해서 되뇌었다.

'그래. 하나님께는 별일 아니다. 하나님 앞에서는 아무것도 아니다. 하나님만 따라가면 된다.'

물론 하나님이 제시하신 방향을 100% 다 순종한다는 보장은 없다. 누군가는 세상의 지시에 몸을 맡길 수도 있고 교회가 제시한 방향에 의구심을 가질 수도 있다. 하지만 교회와 목회자를 바라보는 영혼들을 위해서라도 가이드를 해 주어야 했다.

하나님의 가이드를 따라가기 위해 우리가 코로나19 시국 초창기에 열었던 캠페인이 '마음 지키기'이다. 마음을 지키는 것은 모든 것을 지키는 길이다.

"모든 지킬 만한 것 중에 더욱 네 마음을 지키라
생명의 근원이 이에서 남이니라"

_____ 잠언 4·23

마음을 지킨다는 것은 마음을 하나님께 온전히 두는 것이었다. 우리는 완벽하지 않지만 하나님은 완벽하시며, 우리는 연약하지만 하나님은 강하시다. 우리가 우리 마음을 가만히 둔다면 무너지는 것은 순식간이지만 가장 강하시고 완벽하신 분에게로 내 마음을 둔다면 나 또한 무너지지 않는다. 세상에서도 소위 라인을 잘타야 한다며 위기의 순간에 줄을 어떻게든 잘 서 보겠다고 온갖 계략을 쓰지 않는가. 그런데 우리는 마음만 먹으면 가장 위대하고 강하신 하나님의 라인을 탈 수 있다. 그런 하나님의 라인에 서면,

곧 하나님께 마음을 향하고 있으면 걱정할 것이 없다.

코로나19의 상황도 마찬가지였다. 코로나19를 이기실 유일하신 분, 하나님께 온전히 마음을 두면 그 위기가 나의 위기로 다가오지 않는다. 오히려 새로운 도약을 향한 기회가 된다. 그런 차원에서 마음을 지키기 위한 캠페인을 펼쳐나간 것은 '하나님을 의지하면 두려울 것도, 겁낼 것도 없다'라는 우리의 신앙고백이기도 했다.

위기 속에서 부어지는 하나님의 지혜

사실 코로나19가 장기화할 것이라고는 아무도 예상하지 못했다. 길어야 두세 달이면 끝날 줄 알았다. 2009년 신종플루나 2015년 메르스도 두어 달 정도가 지난 후에 마무리되었다. 그러나 코로나19는 달랐다. 길다 못해 끝이 나지 않을 것 같다. 곳곳에서 '조금만 참자'라고 독려했지만, 점점 더 악화되며 종식될 조짐은 보이지 않았다.

자연히 성도들도 불안해 할 수밖에 없었다. '지금 당장'은 교회에서 따르라는 대로 따르면 되겠지만 내심 '다음'을 걱정하지 않을 수 없었다. 아니, 나부터도 그랬다. '이번에는 이렇게 하면 되겠지만 다음번엔 또 어떻게 해야 하나……' 고민이 사라지지 않았다.

그러나 하나님은 우리의 그런 고민과 걱정을 거두어 주셨다. 한 걸음 나갈 때마다 해야 할 일들을 새롭게 깨닫게 하셨다. 하나님은 오늘 하루 동안만 우리의 하나님이 되시는 것이 아니다. 내일도 우리를 지키시고 인도하시는 하나님이 되어 주신다. 그만큼 미래를 걱정할 필요가 없었다. 코로나19의 상황도 예외는 아니었다.

실제로 하나님은 각각의 시기마다 놀라운 지혜를 부어 주셨다. 이번 달에는 이렇게, 다음 달에는 저렇게 매일 신선한 만나를 공급해 주셨던 것처럼, 때마다 신선한 지혜를 내려 주셨다. 그런 신선한 지혜를 통해 각 상황에 알맞은 예배, 교육과 양육, 전도가 이루어지게 하셨다. 얼마나 신신했는지, 난생처음 접하는 방법도 많았다. 이처럼 하나님은 우리가 이전에 단 한 번도 생각해 본 적 없는 아이디어들이 샘솟게 하셨다.

특히 하나님이 부어 주신 지혜는 반전을 불러온다. 조금도 예상치 못한 결과를 맞게 하는 반전! 코로나19라는 예상치 못한 위기는 결국 하나님의 자녀에게는 예상치 못한 위로를 부르는 계기를 마련하게 해 주었다.

코로나19가 빠르게 퍼지기 시작할 즈음, 신천지 신도들의 코로나19 감염이 중요한 이슈로 떠오른 적이 있었다. 그때부터 외부인의 교회 출입에 대한 우려의 목소리가 높아졌고 신천지의 출입을 금하는 움직임 역시 더욱 강화되었다. 하지만 출입을 금한다고 해서 신천지가 출입을 안 한다는 보장이 없다. 문 앞에 써 붙이는 것 외에 또 다른 조치가 필요했다. 사실 처음에는 도무지 방법이 생각나지 않았다. 한 사람 한 사람씩 철저하게 검문을 할 수도 없는 노릇이었다.

하지만 하나님이 누구신가. 인간이 도무지 생각할 수 없는 것을 생각해 내게 만드시는 분이다. 그때 하나님은 완벽한 차단이 가능한 방법을 사용하게 하셨다. 바로 비표교인증명서를 발급하는 것이다. 우리 교회 등록 성도들에게만 비표를 나눠주고 순복음축복교회 교인 확인소에서 그 표가 있는 성도만이 교회에 들어올 수 있게 하는 방법이다. 이 경우 신천지의 출입을 완벽하게 예방할 수 있다.

사실 그 시기, 신천지 출입에 따른 불안감이 증폭된 상황이었던 만큼 성도들의 우려와 불안도 극대화되어 가고 있었다. 신천지에 따른 감염을 피하기 위해서라도 교회를 나가면 안 된다고 생각하는 사람이 있을 정도였다. 그런데 비표를 발급하자 성도들의 우려도 사라지게 할 수 있었다.

하지만 이것이 끝이 아니었다. 비표를 발급하는 과정에서 하나님은 더 큰 반전을 예비해 두고 계셨다. 순복음축복교회 교인이라는 증명서, 곧 비표를 장기결석 성도에게도 보내자 그들이 감동하게 된 것이다.

"그동안 교회에 나오지 않은 저를 교인으로 인정해 주시다니요."

교회와 거리를 두고 있었음에도 여전히 자기를 교회 성도로 인정해 준다는 사실이 그들에게는 특별한 의미로 다가왔고, 그 기회를 통해 그들은 다시 교회에 출석할 수 있게 되었다.

역시나 하나님의 타이밍은 절묘했다. 아마 평상시에 그런 증명서를 보냈다면 누군가는 귀찮게 받아들이거나 부담스러워했을지 모른다. 교인 수 하나라도 더 늘리려고 보냈으려니 생각했을 것이다. 가기 싫어서 몇 달째 교회에 안 가고 있는 상황에서 그런 문자를 보내면 어떤 이가 반기겠는가.

그러나 신천지 출입 예방의 차원에서 보낸 교인증명서는 적어도 교인 수를 늘리려는 의도와 상관없는 것이었다. 교회에 다시 나오라고 독촉하는 것도 아니었다. 그저 순수하게 우리 교회 교인임을 증명한다는 것, 그 이상도 그 이하도 아닌 만큼 장기결석자 입장에서는 새롭게 받아들여질 수 있었다. 결국, 다시 나오라고 하지 않았는데 자발적으로 나오는 역사가 일어났다.

무엇보다 그 시기는 코로나19로 한창 사람들의 마음이 뒤숭숭할 때였다. 그런 상황에서 소속감을 느끼는 것이 누군가에게는 위로가 될 수 있었다. 교회를 떠나는 성도가 많던 코로나19 상황에

하나님이 하십니다

서, 오히려 떠났던 성도가 다시 찾아오는 일들이 벌어졌다. 모두 하나님의 지혜와 은혜가 더해진 결과였다.

사회적 거리두기 & 신앙적 다가가기

성도들이 교회에서 멀어질수록

하나님은 더 가까이 다가가셨다.

한 보 뒤로 물러서면 한 보 더 가까이 다가가셨다.

코로나19 기간의
특식, 시편 91편

우리는 코로나19 시기에 더욱 분명하게 깨달았다.

'지금 이 상황은 위기의 순간이나 당황스러운 상황이 아니라, 특별한 상황이구나⋯⋯.'

'특별한 영적 경험을 하게 하고 특별한 예배와 교육이 이루어지는 시간이구나⋯⋯.'

마치 특별한 날에 특식을 먹거나 특별한 곳에 가서 외식하는 것처럼, 하나님은 그 기간 우리에게 특별한 것들로 채우시고 공급해 주셨다.

특히 코로나19 초기 상황에서 하나님은 우리 교회가 붙들어야 할 말씀을 주셨다. 바로 시편 91편 말씀이다. 전염병에서 건지시고 그 가운데 예비하신 역사를 놀랍게 이루시는 시편 91편은 하나님 이 주신 영의 특식이나 다름없었다.

> "지존자의 은밀한 곳에 거주하며 전능자의 그늘 아래에
> 사는 자여, 나는 여호와를 향하여 말하기를 그는 나의
> 피난처요 나의 요새요 내가 의뢰하는 하나님이라 하리니
> 이는 그가 너를 새 사냥꾼의 올무에서와 심한 전염병에서
> 건지실 것임이로다 그가 너를 그의 깃으로 덮으시리니
> 네가 그의 날개 아래에 피하리로다 그의 진실함은 방패와
> 손 방패가 되시나니 너는 밤에 찾아오는 공포와 낮에
> 날아드는 화살과 어두울 때 퍼지는 전염병과 밝을 때
> 닥쳐오는 재앙을 두려워하지 아니하리로다
> 천 명이 네 왼쪽에서, 만 명이 네 오른쪽에서 엎드러지나
> 이 재앙이 네게 가까이 하지 못하리로다 오직 너는 똑똑히
> 보리니 악인들의 보응을 네가 보리로다 네가 말하기를
> 여호와는 나의 피난처시라 하고 지존자를 너의 거처로
> 삼았으므로 화가 네게 미치지 못하며 재앙이 네 장막에

하나님이 하십니다

가까이 오지 못하리니 그가 너를 위하여 그의 천사들을

명령하사 네 모든 길에서 너를 지키게 하심이라

그들이 그들의 손으로 너를 붙들어 발이 돌에 부딪히지

아니하게 하리로다 네가 사자와 독사를 밟으며

젊은 사자와 뱀을 발로 누르리로다 하나님이 이르시되

그가 나를 사랑한즉 내가 그를 건지리라 그가 내 이름을

안즉 내가 그를 높이리라 그가 내게 간구하리니

내가 그에게 응답하리라 그들이 환난 당할 때에

내가 그와 함께 하여 그를 건지고 영화롭게 하리라

내가 그를 장수하게 함으로 그를 만족하게 하며

나의 구원을 그에게 보이리라 하시도다"

_____ 시편 91:1-16

이 말씀은 그 시기 우리에게 유난히 달았다. 씹지도 않는데 사르르 녹으면서 술술 넘어가는 음식과도 같았다. 누가 먹으라고 하지 않아도 무척이나 맛있어서 먹게 되는, 그런 귀한 양식이었다.

전염병에서 건지시는 하나님, 우리에게 화가 미치지 않게 하시는 하나님, 재앙이 가까이 다가오지 않게 하시는 하나님, 환난 중에도 늘 함께하시는 하나님! 그리고 하나님이 다른 누구도 아닌, 우리 아버지라는 사실! 시편 91편이 이렇게 꿀맛인지 몰랐다.

사실 환난에서 건지신다는 말씀을 읽고 들어도 내가 환난 중에 거하지 않은 상황이라면 그 말씀이 나를 감동시키지 않는다. 그냥 '좋은 말씀 같네'하며 지나치기 쉽다. 아마 많은 성도가 이전까지는 시편 91편을 읽으면서도 그 말씀을 자신의 것으로 삼지 못했을 것이다. 그러나 전무후무한 감염병의 위기가 들이닥치자 그 말씀이 반드시 먹고 삼켜야 할 말씀이 되었다. 우리를 버티게 하고 일으켜 세우는 영적 에너지로 작용하기 시작한 것이다.

이후로 우리는 새벽예배를 비롯하여 이 말씀을 꾸준히 묵상했고 설교 시간에도 지속해서 나눴다. 무엇보다 이 말씀이 '나의' 말씀이 되게 하는 것이 중요했다. 말씀을 코팅해서 나눠주기도 했고 말씀 안에 각자의 이름을 넣어 끊임없이 고백할 수 있게 했다. 또한 이 코팅한 말씀을 냉장고, 대문, 식탁, 책상 등 집에서 가장 잘 보이는 곳에 붙이게 했고 수시로 읽고 외우며 방패 기도를 하게 했다. 그렇게 시편 91편을 되새김질했고 그 말씀은 매 순간 우리에게 영적 방패가 되어 주었다.

교회와 멀어지지 않게

사회적 거리두기에 따라 대면 예배와 모임이 제약받던 시절, 교회와 성도 간의 거리도 조금씩 멀어지기 시작했다. 교회와 성도들 사이에 보이지 않는 벽이 생기기 시작했다고나 할까. 몸이 멀어지면 마음도 멀어진다는 말이 틀린 말이 아니었다.

그 벽은 점점 두터워져 갔다. 매주 가던 교회에 가지 않게 되자 교회는 안 가도 되는 공간으로 인식되기도 했다. 예배도 집에서 온라인으로 드릴 수 있게 된 상황에서 '재택신앙생활' 시대가 열린 것이다. 이는 대부분 교회에서 공통으로 나타나는 현상이었다.

하지만 그 시기에 유일하게 멀어지지 않은 것이 있다. 바로 하나님과 우리 사이의 거리다. 성도들이 교회에서 멀어질수록 하나님은 더 가까이 다가가셨다. 한 보 뒤로 물러서면 한 보 가까이 다가오셨다. 모두가 힘들고 지친 시기였던 만큼, 하나님은 우리 곁에 더 가까이 다가오셨다. 단지 우리만 그러한 하나님의 일하심을 모르고 있었을 뿐이다.

여전히 우리와 가까이 계시는 하나님의 마음을 느끼게 해 주기 위해서 교회가 나서야 했다. 하나님이 지금 이 순간에도 우리에게 더 가까이 계시고 우리를 위해 끊임없이 일하신다는 것을 깨닫게 해 주어야 했다. 그런데 모이지도 못하는 상황에서 뭘 어떻게 해야 할까.

하나님은 하나님 전에 짬이라도 내어 놀러 오게 하셨다. 한 주에 한 번이라도 상관없으니, 일단 교회에 개별적으로라도 와서 땅이라도 밟고 갈 수 있게 하셨다. 그렇게 잠깐이라도 교회에 머물렀다 가면 영적으로 멀어지는 것을 막을 수 있기 때문이다. 또한 하나님의 전에 나오면 우리를 여전히 사랑하시는 하나님의 마음도 더 생생하게 느낄 수 있기 때문이다.

물론 오라고 한다고 해서 그냥 올 성도는 많지 않다. 오게 하려면 명분이 필요했다. 다양한 명분이 있겠지만 그중 하나가 기도할 거리를 안겨주는 것이다. 모이지 못하는 대신 각자 나와 잠시라도 기도하게끔 만든 것이다.

그때 우리가 내걸었던 기도 제목 중 하나는 비전홀 건축을 위한 기도였다. 그리고 건축을 위해 기도하되 어차피 기도할 거 비전홀이 지어지는 곳에 와서 잠시라도 기도하고 가라고 했다. 일종의 땅 밟기를 명분으로 하나님 전에 들르게끔 만든 것이다.

그렇게 일주일에 한 번씩이라도 성도들이 교회에 들르자 교회에 대한 거리감을 줄여갈 수 있었다. 여전히 교회는 성도들 삶의 일부로 인식될 수 있었다. 무엇보다 그 가운데서 우리를 향한 하나님의 관심과 사랑도 더욱 생생히 느낄 수 있었다.

나아가 넓은 교회 마당을 활용하여 보물찾기도 진행했다. 보물을 찾으려면 일단은 교회에 나와야 했다. 무엇보다 코로나19로 지친 성도들에게 즐거운 무언가를 던져줄 필요도 있었다. 보물찾기는 그런 면에서 잠시나마 성도들에게 재미와 즐거움을 선사했다.

집 안에만 있어 답답해했던 아이들은 유난히 즐거워했다.

이처럼 모이지 못하는 상황이라고 해서 교회에 못 나오는 것은 아니었다. 다 같이 못 나올 뿐, 개별적으로는 나올 수 있었다. 그리고 개별적인 방문이라도 지속한 결과 교회와 성도 간의 연결고리도 끊어지지 않았다.

사람과 사람이
멀어지지 않게

그 시기 우리 교회 교역자들은 하나님이 주신 아이디어로 그 어느 때보다 열심히 사역했다. 성도들과 교류가 줄어든 상황인 만큼 그들의 삶에 더 많은 관심을 기울여야 했다. 그 이전에는 교회로 모일 때나 심방을 갈 때 성도들을 챙기는 것만으로도 충분했지만 이 시기에는 또 다른 새로운 방식으로 성도들을 세심히 살펴야 했다.

더불어 교역자들이 지금 무엇을 하고 있는지 성도들에게 보여 줄 필요가 있었다. 성도들을 위해 교역자들이 지속해서 무엇인가를 한다는 것을 알면 교회를 향한 성도들의 마음도 달라질 수밖에 없다. 멀어질 뻔한 교회가 더 가까이 느껴질 수 있게 된다.

그래서 교역자들이 성전을 열심히 청소하는 모습을 영상으로 담아 보내기도 했다. 교회와 성도를 섬기기 위해 노력하고 있음을 알리기 위해서다. 특히 이 영상은 성도들을 맞이할 준비를 하고 있음을 보여 주는 역할을 했다.

교회 광고를 뉴스처럼 만들어 교역자들을 앵커처럼 등장시키기도 했다. 텔레비전에 나오는 앵커들과 달리 어색하고 딱딱한 톤을 지울 수 없으나 그건 중요한 문제가 아니었다. 성도들 입장에서는 담당 교역자가 영상으로 나오는 것이 그저 반갑고 좋을 뿐이었다. 그렇게라도 얼굴을 보여 주고 헌신의 모습을 노출하는 것이 중요했다.

여기에 담임 목회자와 성도들의 사이도 멀어지지 않게 해야 했다. 대면이 어렵디면 전화로라도 영적인 관리가 필요했다. 그때 하나님은 사랑의 콜센터를 열게 하셨다. 콜센터는 기존의 전화 심방과는 차원이 다르다. 전화 심방은 교역자가 먼저 전화를 거는 방식이라면 사랑의 콜센터는 성도가 먼저 신청하고 신청된 시간에 담임목사가 전화를 걸어 기도해 주는 방식이다.

사실 기존의 전화 심방도 성도들에게는 소중한 순간이겠지만, 상황에 따라서는 그 통화가 형식적인 것이 될 가능성이 있다. 그다지 절실하지 않을 때, 혹은 다른 일을 하느라 바쁠 때는 그만큼 소중하게 다가오지 않을 수 있다. 하지만 콜센터는 성도가 도움이 필요하고 마음이 어려울 때 전화로 기도 받을 수 있다. 특히 코로나19로 마음이 어려운 일들이 더 많아지는 시기였던 만큼 사랑의 콜센터는 하나님의 위로를 나누는 특별한 도구가 되었다.

나아가 성도와 성도 사이의 거리 또한 멀어지지 않도록 방역 수칙을 지키는 선에서 구역 모임을 지속하게 했다. 그리고 구역 모임 인증샷을 보내면 3만 원을 지원금으로 주었다. 꼭 정부만 지원금을 주는 건 아니다. 교회도 줄 수 있다. 그러면 모인 이들끼리 3만 원으로 피자든 떡볶이든 맛있는 걸 먹을 수 있다. 그리고 같이 먹기 위해서라도 한 번 더 모일 수 있다.

위기는 해야 할 일을 멈추게 만들지 않는다. 오히려 할 일들을 더 많이 만들어낸다. 그 시기 우리 교회는 너무나도 바빴다. 해야 할 일들이 계속 생겨났다. 하나님을 향해 눈과 귀와 마음을 열어 놓으니 하나님이 주시는 아이디어가 차고 넘칠 수밖에 없었다.

같이 들어볼까?
- 오병이어 전도

코로나19 시기는 위로하기 딱 좋은 시기다. 코로나 블루로 저마다 지쳐있는 상황에서는 진심 어린 위로 한마디가 큰 힘이 될 수 있다. 그리고 이 상황은 복음을 전할 특별한 기회가 되기도 했다. 우리 교회는 이 시기에 온라인 기반의 전도를 더 활발하게 펼칠 수 있었다. 교회에 나오라고 하면 부담스러워하던 사람도 SNS 등으로 설교 영상을 전하면 부담 없이 받았다. 물론 그조차도 일방적으로 보내지 않는다. 먼저 의향을 묻는다.

"잘 지내세요? 요즘 힘드시죠……. 나는 우리 교회에서 목사님 설교 듣고 위로받는데, 한번 같이 들어 보실래요?"

이렇게 자신이 말씀을 통해 얻은 위로를 온라인을 통해 전달하기 시작했다. 그래서 이름도 '오병이어 전도'라고 명명했다. 구독, 좋아요 등을 통해 노출을 많이 시키는 것부터나 전도임을 강조하기도 했다. 단, 단톡방에 퍼 나르는 것은 덕이 되지 않을 수 있으므로 삼가야 한다고 덧붙였다.

놀랍게도 온라인으로 먼저 말씀을 들은 사람들이 먼저 온라인 성도가 되고 온라인 성도가 자연스럽게 오프라인 성도가 되는 역사가 벌어졌다. 더 나아가 오병이어의 기적처럼 성도가 2천 5백 명가량인데 구독자가 일만 명을 돌파하는 일이 발생했다. 결혼 후로 한동안 교회를 다니지 않았는데 이번 기회를 통해 다시 신앙을 회복하게 된 성도도 있었다.

이처럼 온라인을 기반으로 한 유튜브, 줌, SNS 등은 대면 예배가 어려운 상황에서도 예배를 드리고 양육을 받게 해 주는 도구로 쓰임 받았다. 나아가 전도의 사각지대에 있던 사람들에게도 말씀이 들어가는 기회가 되었다. 하나님은 그렇게 이전과는 다른 상황에서 이전과는 다른 방법으로 우리에게 다가오셨다. 그런 새로운 방법 가운데서 사랑의 말씀과 위로의 말씀으로 우리를 품으셨고, 그 넘치는 사랑을 나눌 장을 마련해 주셨다.

교회가 지역을 섬길 절호의 찬스를 맞이하다

사회가 위기에 처할수록
교회는 바빠진다.
교회는 세상의 빛과 소금이 되어야 하기 때문이다.

교회의 섬김과 봉사를 소문내다

개인이 봉사할 때는 오른손이 하는 일을 왼손이 모르게 해야 한다. 하지만 교회가 봉사할 때는 되도록 널리 알려야 한다. 교회를 드러내는 것은 곧 하나님을 높이는 것이기 때문이다. 코로나19 상황에서는 더 적극적으로 교회를 드러낼 필요가 있다.

코로나19 초창기, 교회는 사회로부터 지탄받고 있었다. 교회가 코로나19의 진원지이자 온상으로 그려질 때도 많았다. 국가 정책에 반기를 드는 문제 있는 집단으로 인식되기도 했고, 교회에서 확진자가 나오기라도 하면 더없이 거센 공격을 받았다. 사람들은 언론에 알려진 내용을 곧이곧대로 받아들였다. 철저하게 방역 수칙을 잘 지키는 교회들이 수두룩한데도 사람들은 인정하려 들지 않았다.

하지만 이조차 하나님이 허락하신 상황이었다. 이럴 때일수록 우리는 하나님의 뜻을 구해야 했고 하나님께 영광이 되는 일들을 더 많이 찾아 나서야 했다. 어쩌면 하나님은 이 기회를 통해 지역사회를 섬길 수 있는 토대를 마련하고자 하셨는지도 모른다. 그동안 지역사회를 섬기는 일에 소홀했다면 코로나19를 계기로 전환점을 마련해야 했고, 이전부터 열심히 지역사회를 섬겨왔다면 더 적극적으로 섬길 필요가 있던 것이다.

나아가 교회가 하는 일들을 지역사회에 알려야 했다. 적극적으로 퍼뜨려야 했다. 세상이 각종 미디어를 통해 교회를 공격한다면 우리도 미디어로 교회를 알릴 필요가 있다. 물론 세상의 공격을 맞불 작전하듯 받아치라는 것이 아니다. 공격, 비판, 반박할 것 없이 그냥 교회가 하는 일들을 알리기만 해도 충분하다.

우리 교회도 이 시기에 지역사회를 섬길 수 있는 일들을 찾아 나섰고 그만큼 열심히 알렸다. 역시나 코로나19로 인해 섬겨야 할 일이 무수히 늘어났다. 이전에는 한 번도 시도하지 않았던 봉사 거리가 새롭게 등장했다. 그 모든 것이 교회가 세상의 빛과 소금이 될 기회였다.

선점할 기회를 주시는 하나님

어떤 일이든 선점이 중요하다. 누군가가 도움을 요청할 때 제일 먼저 나서는 자가 그를 도울 기회를 얻는다. 도중에 나서거나 상황이 종료된 후에 나타나면 돕고 싶어도 도울 수가 없다. 그만큼 교회도 사회적 이슈가 떠올랐을 때 즉각적으로 나서야 한다. 그리고 그 상황에서 사람들이 '우선적으로 필요로 하는 것'으로 섬길 수 있어야 한다.

그런데 인간의 지혜와 능력만으로는 그 타이밍을 포착하기가 어렵다. 지금이 지역사회를 섬겨야 할 때임을 파악하지 못할 수 있고, 파악한다고 해도 당장 뭐부터 해야 할지 모를 수 있다. 그러므로 이 순간에도 온전히 하나님의 지혜를 구해야 한다. 하나님께 항상 눈과 귀를 열어두면 하나님은 우리가 언제, 무엇을 해야 할지 깨닫게 하신다.

하나님이 하십니다

하나님은 코로나19 초기, 우리 교회가 방역 봉사를 하게 하셨다. 코로나19가 한참 진전된 지금은 방역이 일상화되었다지만, 초기에는 방역 관련 기구들이 흔하지 않았다. 바로 그때 하나님은 선수를 치게 하셨다. 코로나19 초기에 방역기구가 비싸고 구입이 어려울 때 구매하게 하신 것이다.

그때부터 우리는 방역기구를 들고 사업체를 돌았다. 일종의 '방역 심방'이다. 하나님은 타이틀도 그럴듯하게 만들어 주셨다.

'방역은 사랑을 싣고!'

이후 방역기구를 들고 전도하고 심방하는 교회가 생기기도 했지만, 초기에는 이 모습이 매우 진귀한 풍경이었다. 공식적으로 확인된 것은 아니지만 거의 최초로 시도했다고 해도 과언이 아니다.

발열감지 센서와 칸막이도 초기에 설치했다. 하지만 설치하는 것만으로 끝낼 수 없었다. 지역사회는 교회가 방역을 위해 어떤 노력을 하는지 알 수가 없기 때문이다. 그래서 하나님은 더 적극적으로 알게 하셨다. 유튜브를 통해 발열감지 센서 언박싱 영상을 올리기도 했고 매주 방역하는 모습도 올렸다. 이런 과정은 지역사회만이 아니라 성도들을 안심시키는 계기가 되었다.

섬김과 전도는
같은 말이다

진심으로 지역사회를 섬기면 교회를 향한 시선도 자연스럽게 바뀔 수 있다. 그렇다면 어떻게 해야 진심을 보여 줄 수 있을까? 진심은 마음의 문제인데 어떻게 보여 줄 수 있을까?

진심을 보여 주는 방법은 아이러니하게도 물질에서 나온다. 자신이 쓸 것을 아껴서 상대를 위해 쓴다는 것은 상대를 아끼고 사랑한다는 가장 결정적 증거다. 진심으로 아낀다고 말하면서 정작 상대를 위해 물질을 사용하기 아까워한다면 그 마음은 진심이라고 할 수 없다.

지역사회를 섬기는 일에서도 마찬가지다. 우리가 진심으로 그들을 섬기고자 한다면 물질이 쓰일 수밖에 없다. 말로만 '사랑합니다. 축복합니다'라고 하는 것이 아니라, 그들의 물질적, 물리적 필요를 채우는 일에 참여하게 된다. 그렇다면 우리의 진심은 증명될 수밖에 없다. 누군가는 어떻게 물질로 마음을 평가할 수 있느냐고 반문할 수도 있겠지만, 물질이 섬김의 유일한 증거라고 할 수는 없어도 하나의 증거라는 것만은 분명하다.

코로나19 초반에 우리는 마스크 봉사를 시작했다. 시간이 흐르면서 마스크를 흔하게 구할 수 있었지만, 초기에는 마스크 품귀

현상으로 가격까지 천정부지로 오르고 있었다. 마스크를 구하기 위해 줄 서는 진풍경도 뒤따랐다. 이때 우리는 비싼 가격의 마스크를 구매하여 소독제를 비롯한 방역물품들과 함께 거동이 불편하신 분들에게 나누어 주었다. 5K사랑나눔박스 운동 역시 방역물품 봉사 등을 통해 더 적극적으로 진행되었다.

마스크 봉사와 방역 기계 물품까지 들여가면서 지역을 섬기자 적어도 우리 지역에서는 순복음축복교회에 대해 거부감을 갖지 않았다.

아울러 우리는 그때부터 전도와 섬김을 동일화하는 전도 전략을 펼쳐나갔다. 과거에 전도는 전도라 불렸다. 하지만 우리는 이제 전도를 '지역 사랑 나눔'으로 명명했다. 전도는 복음을 전한다는 것인데 그 복음은 결국 사랑이기 때문이다. 곧 사랑을 전하면 자연스럽게 예수님을 전하게 된다.

무엇보다 우리는 예수님으로부터 무료로 구원받았다. 가장 값진 것을 값없이 받아 누리고 있다. 그 은혜를 전하기 위해서라면 우리도 무료로, 공짜로, 거저 베풀어야 한다. 구원의 은혜를 값없이 누리자고 하면서 인색한 모습을 보인다면 누구도 교회를 신뢰하지 않을 것이다.

대가 없이 누린 만큼 대가를 생각하지 않고 나눌 때 지역사회는 교회를 새로운 시선에서 바라보게 된다. 하나님의 대가 없는 사랑을 간접적으로 체험하게 된다. 그리고 코로나19는 이 대가 없는 섬김을 실천할 최고의 기회가 되었다.

하나님의 사랑 체험장, 마당

교회는 이 세상에서
가장 행복한 공간이 되어야 한다.

교회 마당에서 펼쳐지는
사랑의 역사

하나님은 열악한 조건을 통해서도 역사하시지만, 우월한 조건을 통해서도 역사하신다. 둘 다 하나님이 하나님의 일을 하시기 위해 주신 조건들이다. 과거에 하나님이 순복음조암교회지성전의 가파르고 험한 계단을 전도의 도구로 쓰셨다면, 이제는 순복음축복교회의 넓디넓은 마당에서 다양한 역사를 이루기 시작하셨다.

그중 하나가 마당에서 진행된 헌혈 행사다. 헌혈 행사를 시작하게 된 계기 역시 하나님의 사인에서 비롯된다. 코로나19 시기, 혈액은행에 혈액이 부족하다는 소식이 들리기 시작했다. 그냥 안타까운 뉴스로 듣고 지나칠 수도 있었지만, 하나님은 그것을 흘려듣게 하지 않으셨다. 교회가 나서 헌혈하라는 하나님의 음성으로 받아들이게 하셨다.

하지만 교회가 나서서 좋은 일을 하겠다고 하는데 장애물이 생겼다. 헌혈 버스를 신청했는데 '안 된다'는 대답이 돌아왔다. 좋은 일을 나서서 하겠다는데 거절을 당하자 당혹스러웠다. 피를 달라는 것도 아니고 주겠다는데 왜 안 된다는 걸까. 이유는 간단했다. "교회에서는 할 수 없습니다."
담당 기관에서는 하고 싶으면 읍사무소에서 하라는 말까지 덧붙였다. 교회 마당이 읍사무소 공간보다 훨씬 넓은데 '읍사무소는 되고 교회는 안 된다'라는 사실이 이해되지 않았다. 항의해도 받아들여지지 않았다. 분명 하나님의 인도하심 속에 작정한 일인데 왜 이런 상황이 생겼는지 의문이 들기도 했다. 하지만 그조차도 하나님의 계획 속에 있음을 알기에 일단 기다려보기로 했다.
놀랍게도 하나님은 이 상황을 더 많은 사람이 알 수 있도록 이끄셨다. 마옥순 목사가 해당 내용을 커뮤니티에 올리게 되었는데, 생면부지의 누군가가 그 글을 국민일보 전면광고에 그대로 실어버린 것이다. 우리 교회와 아무런 상관도 없는 누군가가 말이다.

당시 올라간 글의 내용을 요약하자면 이렇다. '넓은 마당을 가진 교회가 나서서 헌혈을 하려고 하는데 좁은 읍사무소는 되면서 교회는 안 된다는 건 어불성설이다.' 여기에 더 많은 사람이 헌혈하게 만들기 위해서라도 넓은 교회 마당에서 해야 한다는 내용도 곁들였다. 그렇게 그분은 우리가 따로 부탁한 것도 아닌데, 최소 5백만 원은 내야 하는 신문 광고를 내버렸고 기대하지 않았던 홍보를 할 수 있게 되었다. 하나님의 역사는 역시나 예측 불가한 방식으로 진행되었다.

이후 그 내용이 사람들에게 퍼시기 시작했다. 코로나19 시기에 맞는 중요한 이슈가 될 만한 소재였으니 그럴 수밖에 없었다. 그 광고를 보고 더 많은 사람이 함께 기도하는 역사가 일어나기도 했다. 그리고 하나님은 그런 독특한 전개 과정을 통해 우리 교회 마당에서 헌혈할 수 있게 하셨다.

물론 하나의 산이 더 남아 있긴 했다. 아무래도 교회인 만큼 평일보다는 주일에 하는 것이 여러모로 나을 듯했다. 그래야 참여율도 높아질 것 같았다. 하지만 주일은 휴일이라 안 된다는 답이 왔다.

'아무래도 교회인데……. 평일에 헌혈하러 오겠다는 사람들이 있을까?'

하나님이 하십니다

우려스럽긴 했지만, 그 상황에서는 평일밖엔 대안이 없었고 원칙대로 진행했다. 그런데 우려와 달리 100명이나 넘게 신청했다. 50명당 버스 한 대인데 버스가 두 대나 오게 된 것이다. 하나님은 그렇게 우리 교회가 피를 나누는 특별한 봉사를 하게 하셨다. 더 나아가 그 이후로도 두 번이나 더 헌혈을 할 수 있게 하셨다. 이처럼 교회가 아무리 지탄받는 상황이라도 하나님이 시키는 대로 하면 칭찬받을 일이 생기는 법이다.

마당,
섬기라고 주신 공간이다

교회는 거룩한 곳이지만, 한편으로는 재미있는 곳이 되어야 한다. 하나님이 계시는 곳인데 어떻게 즐겁지 않을 수 있을까. 심지어 하나님의 뜰 안에서 얻을 수 있는 기쁨과 즐거움은 세상에서 얻는 감흥과는 차원이 다르다.

교회가 즐거운 공간이 되려면 섬김이 필요하다. 공간과 시간으로도 섬겨야 하고, 몸과 물질로도 섬겨야 한다. 섬김을 통해 하나님의 사랑을 느끼게 해야 성도들도, 이웃들도 '교회에서만이 느낄 수 있는 즐거움'이 뭔지를 알아갈 수 있다. 대가 없이, 계산 없이 베푸는 그 정성 안에서 하나님이 어떤 분이신지 알아가는 계기를 마련할 수 있게 되는 것이다.

그런 면에서 우리 교회의 마당은 활용 가치가 높았다. 하나님은 마당을 통해 즐거운 역사를 다양하게 만들어내셨다. 코로나19 시기 전에, 지역 학생을 돕는 바자회를 진행할 때도 바자회만 열지 않았다. 아이들에게는 바자회 그 자체가 재미없는 자리일 수 있기 때문이다. 교회를 찾는 지역의 아이들이 교회에서 즐거워지려면 뭔가가 더 있어야 했다. 그래서 놀이기구며, 이동식 동물원이며, 아이들이 즐길 수 있는 장을 마련했다.

하나님이 하십니다

좋은 시간을 마련했는데 소문이 나지 않을 이유가 없다. 지역에 이런 사실이 퍼지자 바자회도 더욱 활성화되었다. 그리고 지역 주민들은 교회 마당에서 뜻깊은 시간을 보낼 수 있었다. 한편, 코로나19 이후에는 교회 마당에 보물찾기, 달란트 시장, 야외 가든파티 예배, 축복교회 캠핑 등의 특별한 자리를 마련했다.

하나님이 주신 아이디어는 거기서 끝나지 않았다. 섬길 기회가 열려 있었다. 2022년 대통령 선거 때는 선거 독려와 섬김을 콜라보한 자리를 마련하기도 했다. 교회가 나서 선거하도록 독려하는 것은 그 자체로 덕이 된다. 여기에 맛있는 먹거리의 행복까지 나누자 그야말로 일석이조의 섬김이 될 수 있었다.

그날 교회에서는 오전 수요예배를 먼저 드린 후 마당에 푸드트럭을 불러 햄버거를 나누었다. 그냥 주는 햄버거가 아니었다. 값은 무료지만 선거해야 한다는 조건이 붙었다. 나라를 위해 우리가 할 수 있는 최소한의 의무라는 말도 덧붙였다. 보물찾기를 통해 아이들에게는 과자 선물을, 어른들에게는 달걀 한 판을 전했다. 재정이 많이 들어갔지만, 하나님은 그 과정에서 자원하여 헌신하도록 이끄셨다.

당시 수요 오전 예배에만 무려 240명가량이 교회를 찾았다. 그날 하루 교회는 그 어떤 곳보다 즐겁고 행복한 공간이었다. 선거

날 가족들끼리 맛있는 음식도 먹고 선물도 받고 예배도 드리고
투표도 하는 특별한 추억거리를 다른 곳도 아닌 교회가 선사해
주었다.

하나님은 앞으로도 시기와 상황에 맞게 교회 마당을 이웃들에
게 펼쳐놓게 하실 것이다. 교회 마당을 '하나님의 사랑 체험장'으
로 활용하게 하실 것이다.

하나님이 하십니다

우리는 당황해도
하나님은 당황하지 않으신다.
그 어떤 예상치 못한 상황에서도 흔들림이 없으시다.
우리는 그런 하나님의 자녀다.
우리가 하나님을 믿는다면,
흔들릴 필요도
겁낼 필요도 없다.

앞으로 코로나19와 같은 변수가
언제 다시 찾아올지 모른다.
그때도 우리는 하나님만 주목할 것이다.
하나님을 바라보는 것이
모든 상황을 이기는 비결이다.

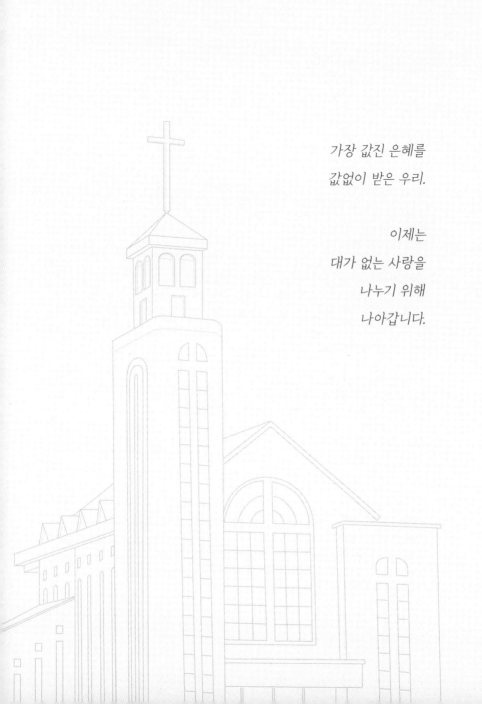

가장 값진 은혜를
값없이 받은 우리.

이제는
대가 없는 사랑을
나누기 위해
나아갑니다.

하나님이 하십니다

은혜로 되어지는 공동체
순복음축복교회 이야기

초판 1쇄 발행 2022년 12월 7일

지은이 오영대

발행인 이영훈
편집인 김영석
펴낸곳 교회성장연구소

등록번호 제 12–177호
주 소 서울시 영등포구 은행로 59, 4층
전 화 02–2036–7936
팩 스 02–2036–7910

홈페이지 **www.pastor21.net**

ISBN | **978-89-8304-357-3 03230**

"무슨 일을 하든지 마음을 다하여 주께 하듯 하라" 골 3:23

교회성장연구소는 한국 모든 교회가 건강한 교회성장을 이루어 하나님 나라에 영광을 돌리는 일꾼으로 성장하는 것을 목표로, 목회자의 사역은 물론 성도들의 영적 성장을 도울 수 있는 필독서를 출간하고 있다. 주를 섬기는 사명감을 바탕으로 모든 사역의 시작과 끝을 기도로 임하며 사람 중심이 아닌 하나님 중심으로 경영한다. "무슨 일을 하든지 마음을 다하여 주께 하듯 하라"는 말씀을 늘 마음에 새겨 하나님께서 주신 사명을 기쁨으로 감당한다.